LA CUISINE AU BEURRE

C'EST BIEN MEILLEUR QUE LA CUISINE MINCEUR

À ma grand-mère Jeanne,
chez qui de simples coquillettes
avaient une toute autre saveur...

Franck Schmitt

LA CUISINE AU BEURRE

70 RECETTES SALÉES ET SUCRÉES

GERFAUT

SOMMAIRE

FR
14 5002
2117
FR
14 5002
2117

La fabuleuse histoire de la vache et du beurre

Cru ou cuit, en cuisine ou sur la table, dans la gastronomie comme dans les repas quotidiens, le beurre est devenu la matière grasse la plus populaire du monde. Caché sous la confiture de nos tartines ou en noisette sur une pomme de terre brûlante, il fait partie de notre culture et de notre quotidien. Il suffit de voir la place qu'il a prise dans notre langage pour se faire une petite idée de celle qu'il occupe à table : faire son beurre, vouloir le beurre et l'argent du beurre, mettre du beurre dans les épinards, ça rentre comme dans du beurre, un œil au beurre noir, ne pas avoir inventé le fil à couper le beurre… C'est décidément un liant universel !

Le beurre est un produit vieux comme le monde, ou presque ! Les premières mentions ont été découvertes sur une tablette sumérienne datant de 4 500 ans. Celle-ci décrit les étapes de fabrication de ce mets raffiné. La clarification, consistant à éliminer les composants laitiers du beurre et à augmenter sa conservation, a été mise au point il y a 3 300 ans par les Aryens, un peuple en Inde. Les historiens ont relevé l'importance du beurre dans les cérémonies religieuses au Tibet et en Inde, ainsi que dans la Chine de la dynastie Tang. Dans les lointaines contrées de Sibérie, le beurre clarifié était considéré comme une boisson énergisante. Les Romains, les Grecs et les Égyptiens s'en servaient quotidiennement comme produit de beauté ou pour soigner les brûlures ou encore les infections des yeux. On raconte même qu'autrefois, les Écossais, les Irlandais et les Scandinaves étaient enterrés avec un tonneau de beurre !

419

Une matière grasse « barbare »

Jusqu'à la fin du Moyen Âge, on cuisinait avec de la graisse de porc, le « sain ». Les paysans les plus pauvres se servaient quant à eux de beurre comme matière grasse, que l'on appelait alors « graisse barbare ». Les régions où l'on consommait le plus de beurre étaient situées en Bretagne, en Normandie et dans les Flandres. Et ce n'est guère étonnant, lorsque l'on connaît l'importance que la production de lait occupait dans ces régions. Le beurre devient alors une spécialité culinaire, comme à Isigny en Normandie, ou encore à Cassel dans les Flandres. À Vanves, on fabrique le beurre préféré des Parisiens. À la Renaissance, le beurre gagne ses lettres de noblesse en cuisine et fait son entrée dans de nombreux traités culinaires permettant de réaliser des pâtisseries élégantes. À partir du siècle des Lumières, tous les manuels conseillent de l'utiliser pour faire revenir les aliments ou confectionner des sauces (beurre blanc et ses variations) mais aussi, et surtout, pour faire le roux ou « farine frite » qui se faisait jadis au pain.

Quand la gabelle met son grain de sel

Dans un souci de conservation et pour éviter que le beurre prenne un goût rance, les paysans ajoutent du sel : le beurre salé est né. Mais, à cause de l'impôt appelé « la gabelle », qui servait à renflouer les caisses de la royauté, le sel est devenu une matière première très onéreuse. Seule une région d'irréductibles continue de saler son beurre : la Bretagne ! La nouvelle taxe ayant été créée avant le rattachement de la région à la France, celle-ci en est exempte. De la presqu'île de Guérande jusque dans le golfe du Morbihan, on continue de le produire ainsi. Cette particularité explique également pourquoi les paysans bretons sont moins spécialisés dans la fabrication de fromage, qui le surnomme d'ailleurs « beurre pourri ». Mais c'est un fait : la version salée est plus fine et savoureuse que le beurre doux, car le sel permet de chasser l'eau tout en faisant ressortir son arôme.

Un produit raffiné

Au XVIIIe siècle, les modes alimentaires changent et la France fait briller sa gastronomie dans toute l'Europe à travers, entre autres, la cuisine au beurre. Les rituels des repas évoluent et les ustensiles dédiés à la cuisine deviennent de plus en plus raffinés. Personnalisées avec un tampon, les mottes sont désormais façonnées dans des moules sculptés dans des essences fines comme le tilleul, le platane ou le hêtre. Ornés des décors rustiques et naturels rappelant leur région d'origine, ces moules font la part belle aux propriétaires terriens.

De l'artisanat à l'industrie

La fabrication du beurre reste artisanale jusqu'au XIXe siècle et ses gestes de fabrication sont le plus souvent perpétués par les fermiers eux-mêmes. Avec l'invention de la centrifugeuse (1859), puis de l'écrémeuse (1864), l'industrie laitière s'empare d'une grande partie de sa production. La pasteurisation créée par Pasteur en 1865 permet aussi d'améliorer sa qualité, sa saveur et sa salubrité. Avec le développement des transports et des trains réfrigérés, la distribution de ce bon produit est plus facile et le beurre s'exporte un peu partout !

La cuisine bourgeoise au beurre

À partir du XIXe siècle, le beurre devient le corps gras le plus utilisé et le plus raffiné de la gastronomie française, supplantant le lard et les huiles végétales (tournesol, noix, olive...) dont l'utilisation reste encore marginale. Et il conservera sa place pendant plus d'un siècle ! Ce n'est que dans les années 1970, avec la promotion du régime méditerranéen et de l'huile d'olive que le commerce du beurre se retrouve diabolisé et boudé par de nombreux consommateurs. On fait les promotions des substituts comme la margarine, et on le condamne. Pourtant, dans les cuisines des chefs de renom, le beurre n'a jamais perdu de sa superbe et il est bien considéré comme un atout culinaire. Reconnu comme un parfait exhausteur de goût, il est *la* matière grasse de prédilection de la bonne cuisine !

Les vaches « beurrières »

Pour faire du beurre, il faut de la crème et donc du lait ! Mais ce n'est pas qu'une question de quantité... Les qualités organoleptiques du lait, notamment sa teneur en matière grasse, sont également primordiales.
On peut classer les vaches en trois catégories : les vaches à viande, les vaches laitières et les mixtes qui sont aussi bien élevées pour leur viande que pour leur lait. Dans la famille des vaches laitières, il existe une très grande diversité. En France, 80 % du lait que nous consommons proviennent de vaches Prim'Holstein (on en dénombre plus de 2 millions en France). C'est une race hollandaise à la robe blanche à taches noires (parfois rousses et blanches). Pour la fabrication du beurre, on privilégie d'autres races, comme la Normande, autant appréciée pour sa viande que pour son lait riche en matières grasses. Elle est d'ailleurs la race la plus exportée au niveau mondial. Plus confidentielles, certaines vaches sont encore plus appréciées. C'est le cas de la jersiaise, une petite vache très rustique, particulièrement productive. Pour la fabrication du beurre, elle est vraiment parfaite et se révèle être une championne. Son lait est riche en antioxydants, et en oméga-3 et oméga-6. Il contient aussi de nombreux minéraux, vitamines et protéines. Et merveille suprême, la teneur en lactose est moins important et, de ce fait, ses globules gras sont mieux assimilés par l'organisme. Également très appréciée, la vache « froment du Léon », dont la richesse du lait en bêtacarotène est optimale, donne au beurre une couleur jaune très prononcée. On peut aussi mentionner la race pie noire et la pie rouge, originaire de Bretagne !

Une fabrication longue et minutieuse

Le beurre est un produit merveilleux et naturel. Pour fabriquer une motte de 1 kilogramme, il ne faut pas moins de 22 litres de lait. À la lumière de ces informations, on ne peut qu'admirer ceux qui le fabriquaient il y a quelque 4 500 ans ! L'objectif est de récupérer la matière grasse naturelle du lait, un processus dont on peut tous faire l'expérience en réalisant une crème fouettée : si l'on bat la crème trop longtemps, on finit par faire du beurre ! Autrefois, dans les fermes, la fabrication du beurre ainsi que sa vente sur les marchés était réservée aux femmes. Cela demandait patience et méthode, du stade de la traite des vaches jusqu'au moulage, en passant par l'écrémage et le fameux barattage.

Après avoir recueilli le lait, on sépare la crème du reste du lait. Si, autrefois, il fallait le laisser reposer toute une nuit pour récupérer la crème formée en surface, c'est aujourd'hui une centrifugeuse qui assure cette étape en faisant tourner très rapidement le lait.

Après une phase de repos vient le barattage, qui consiste à battre très rapidement la crème dans un récipient dédié : la baratte. La baratte est un objet en bois (comme un tonneau couché) ou en verre (comme un bocal cylindrique). Elle est munie de plusieurs fouets qui tournent simultanément et permettent de démultiplier le geste. Les fouets battent la crème jusqu'à la transformer en beurre. La manipulation manuelle était exténuante et les paysans s'entraidaient pour cette tâche.

Après le barattage, le beurre est ensuite lavé pour le séparer du petit-lait restant. Cette étape est très importante car elle assure une certaine qualité et une bonne conservation.

Enfin, le beurre est malaxé pour qu'il soit homogène et puisse être pressé et moulé. Jadis, il était conservé dans des pots en grès et couvert d'une saumure. De nos jours, il doit être placé au réfrigérateur.

03994

Les différents types de beurres

Beurre cru, doux, léger, aromatisé, fouetté... Les appellations sont diverses et traduisent différentes façons de le fabriquer.

Le beurre cru se fabrique à partir de crème non pasteurisée. Il n'a pas une conservation aussi longue que sa version stérilisée mais il possède un goût unique, variant selon son terroir d'origine. Il est préférable de le consommer cru plutôt que de le cuisiner pour profiter de ses arômes.

Le beurre fin ou extrafin est fait à partir de crème pasteurisée. La crème ne doit pas avoir été congelée et le beurre doit être fabriqué dans les 72 heures suivant la collecte du lait. Le barattage, lui, doit avoir lieu au maximum 48 heures après l'écrémage.

Le beurre rance, ou *smen*, est une spécialité orientale, traditionnellement utilisée en Afrique du Nord. Il se fabrique avec du beurre, du sel, des herbes et de l'eau qu'on laisse reposer pendant 1 mois pour qu'il dégage ses propriétés olfactives. Ce beurre que certains considèrent comme trop vieux possède un goût qui vire au goût de fromage, il est parfois difficile à apprécier pour certains Européens, mais il n'en reste pas moins un ingrédient typique de certains couscous, tagines et pastillas.

Le beurre clarifié, ou ghee, dont vous retrouverez la recette dans cet ouvrage, est un classique de la gastronomie française mais aussi indienne et ayurvédique. Il se conserve très bien et ne brûle pas à la cuisson.

Terroirs remarquables

Outre les différents types que nous venons de détailler, on peut aussi parler des beurres d'appellation d'origine contrôlée (AOP) qui garantissent un caractère propre au lieu où il a été fabriqué. Car la qualité de l'herbage où broute la vache est déterminante sur la qualité du lait et donc du beurre !

En France, on compte trois beurres AOP :
• celui de **Charentes-Poitou** (Charente, Charente-Maritime, Deux-Sèvres, Vendée et Vienne), qui possède des notes subtiles de noisette ;
• celui d'**Isigny** (pourtours de la baie des Veys, à la limite du Calvados et de la Manche), qui est produit dans une zone traversée par cinq rivières et idéalement située à deux pas de la mer, offrant ainsi un herbage très riche ;
• et celui de **Bresse** (Ain et Saône-et-Loire, jusqu'à la frontière du Jura), fabriqué dans un pays de bocage où pousse une flore très variée qui, ajoutée au maïs traditionnellement cultivé dans cette région, lui confère une belle couleur jaune d'or et un goût particulier. Une poésie dans l'assiette !

Comme le lait, l'appellation « beurre » est protégée par la loi française de 1924 et qui impose, entre autres, une teneur en matière grasse comprise entre 80 et 90 %. En dessous de ce pourcentage, il s'appellera « beurre allégé » ou « spécialité laitière », une appellation à laquelle il faut prêter attention car elle peut induire l'utilisation d'additifs. On distingue par ailleurs le beurre « artisanal », qui, plus malléable et plus souple que le beurre industriel, possède également des grains plus fins.

Le beurre, révélateur de goût !

Même en ayant traversé les âges, le beurre a su rester un produit naturel et de tradition, intégré à notre alimentation. C'est un produit plaisir que de plus en plus de petits producteurs remettent au centre de notre gastronomie. La cuisine au beurre a beau faire partie de notre histoire culinaire, elle n'en est pas pour autant désuète. On utilise le beurre pour ses saveurs, son onctuosité et les techniques de cuisson qu'il autorise. Grâce à lui, nos pâtisseries craquent, croustillent et sont moelleuses. Il imperméabilise les pâtes, permet de lier nos sauces tout en leur donnant du pep, permet de cuire sans brûler lorsqu'il est clarifié. Associé à l'huile, qui tient mieux à la chaleur, il offre une cuisson parfaite. Comment ne pas fondre de plaisir devant une viande ou un poisson nourri au beurre pendant sa cuisson, qui s'infiltre dans les chairs et en rehausse tous les parfums ?

Le beurre mérite d'être aimé ! N'oublions pas que les lipides et le gras, participent au bon fonctionnement de notre organisme. Bien sûr, comme toute bonne chose, il faut savoir en user à bon escient, en utilisant les techniques de cuisson appropriées et sans en abuser. Alors, n'hésitons plus à le considérer comme le produit noble qu'il est. Le beurre est une source d'inspiration toujours renouvelée et c'est pour cette raison que j'ai toujours dit à mes amis que « la cuisine au beurre, c'est bien meilleur que la cuisine minceur ! »

OPINEL

BEURRES PARFUMÉS

BEURRE D'AROMATIQUES

Pour **120 g de beurre** • Préparation **10 min** • Réfrigération **1 h**

100 g de beurre à température ambiante / **1** petit bouquet d'herbes aromatiques de votre choix
2 gousses d'ail / **1** c. à s. de fleur de sel / **1** c. à c. de poivre moulu

1 Effeuillez les herbes aromatiques, puis ciselez-les grossièrement au couteau. Pelez et hachez l'ail. Vous pouvez aussi réaliser un hachis à l'aide d'un minirobot.
2 Dans un robot équipé d'une feuille, mélangez par à-coups le beurre, les herbes, l'ail, le sel et le poivre jusqu'à obtenir une texture homogène.
3 Déposez le mélange sur une feuille de papier sulfurisé, roulez-la pour former un boudin, puis resserrez les côtés comme un saucisson. Placez le beurre au réfrigérateur pendant au moins une heure et conservez-le ensuite une bonne semaine.
Comment réussir vos mélanges ? Si les herbes de Provence (romarin, thym, sarriette, origan) se marient bien entre elles, la sauge et le shiso sont trop typés pour les mélanger à d'autres herbes. Limitez-vous à une seule herbe et supprimez l'ail si vous les utilisez. Vous pouvez aussi réaliser un beurre de verveine pour vos desserts. Dans ce cas, n'utilisez ni ail, ni sel ni poivre.

BEURRE AUX SELS PARFUMÉS ET BEURRE AU POIVRE

Pour **120 g de beurre** • Préparation **10 min** • Réfrigération **1 h**

100 g de beurre à température ambiante / **2** c. à s. de sel / **Épices** ou **herbes** de votre choix

1 Pour vos beurres aux sels parfumés, utilisez du sel parfumé acheté en épicerie fine ou bien mixez du sel avec des épices, des poivres parfumés, des herbes ou un cocktail de vos épices préférées.
2 Pour vos beurres au poivre, c'est le parfum du poivre qui va faire la différence, choisissez-le selon vos affinités et vos besoins en cuisine.
3 Dans un robot équipé d'une feuille, mélangez par à-coups le beurre, le sel et les épices ou herbes hachées jusqu'à obtenir une texture homogène. Si vous souhaitez un beurre moins salé vous pouvez réduire la quantité de sel à 1 cuillerée à soupe.
4 Déposez le mélange sur une feuille de papier sulfurisé, roulez-la pour former un boudin, puis resserrez les côtés comme un saucisson. Placez le beurre au réfrigérateur pendant au moins une heure et conservez-le ensuite une bonne semaine.

Beurre d'escargot

Pour 120 g de beurre • Préparation 10 min • Réfrigération 1 h

100 g de beurre à température ambiante / **3** gousses d'ail / **1** petit bouquet de persil
1 c. à s. de fleur de sel / **1** c. à c. de poivre moulu

1 Pelez l'ail et hachez-le finement. Ciselez le persil. Vous pouvez aussi réaliser un hachis à l'aide d'un minirobot.
2 Dans un robot équipé d'une feuille, déposez le mélange, ajoutez le sel et le poivre et mélangez par à-coups jusqu'à obtenir une texture homogène.
3 Déposez le mélange sur une feuille de papier sulfurisé, roulez-la pour former un boudin, puis resserrez les côtés comme un saucisson. Placez le beurre au réfrigérateur pendant au moins une heure et conservez-le ensuite une bonne semaine.

Beurre d'ail des ours

Pour 120 g de beurre • Préparation 10 min • Réfrigération 1 h

100 g de beurre à température ambiante / **1** gros bouquet d'ail des ours / **1** c. à s. de fleur de sel / **1** c. à c. de poivre moulu

1 Lavez rapidement l'ail des ours dans un grand volume d'eau sans le laisser tremper. Séchez-le dans un torchon, puis hachez-le finement à l'aide d'un couteau ou d'un minirobot.
2 Dans un robot équipé d'une feuille, mélangez par à-coups le beurre, l'ail des ours, le sel et le poivre jusqu'à obtenir une texture homogène.
3 Déposez le mélange sur une feuille de papier sulfurisé, roulez-la pour former un boudin, puis resserrez les côtés comme un saucisson. Placez le beurre au réfrigérateur pendant au moins une heure et conservez-le ensuite une bonne semaine.

Beurre d'agrumes

Pour 120 g de beurre • Préparation 10 min • Réfrigération 1 h

100 g de beurre à température ambiante / **2** c. à s. de zestes d'agrumes / **1** c. à s. de jus d'agrumes

1 Zestez finement puis pressez les agrumes jusqu'à obtenir les quantités nécessaires (conservez le reste pour vos autres recettes.)
2 Dans un robot équipé d'une feuille, mélangez par à-coups le beurre, les zestes et le jus d'agrumes jusqu'à obtenir une texture homogène.
3 Déposez le mélange sur une feuille de papier sulfurisé, roulez-la pour former un boudin, puis resserrez les côtés comme un saucisson. Placez le beurre au réfrigérateur pendant au moins une heure et conservez-le ensuite une bonne semaine. Dans les agrumes, il y a bien sûr l'orange, le citron et le pamplemousse, mais aussi la main de Bouddha, le kumquat, la bergamote ou encore le yuzu.

BEURRE D'AIL
DES OURS

BEURRE D'ANCHOIS

Pour **120 g de beurre** • Préparation **10 min** • Réfrigération **1 h**

100 g de beurre à température ambiante / **8** ou **10** anchois au sel

1 Hachez finement les anchois à l'aide d'un couteau.
2 Dans un robot équipé d'une feuille, mélangez par à-coups le beurre, les anchois jusqu'à obtenir un mélange homogène.
3 Déposez le mélange sur une feuille de papier sulfurisé, roulez-la pour former un boudin, puis resserrez les côtés comme un saucisson. Placez le beurre au réfrigérateur pendant au moins une heure et conservez-le ensuite une bonne semaine.

BEURRE D'ALGUES

Pour **100 g de beurre** • Préparation **10 min** • Réfrigération **1 h**

100 g de beurre à température ambiante / **4** c. à s. d'algues en paillettes ou hachées

1 Dans un robot équipé d'une feuille, mélangez par à-coups le beurre et les paillettes d'algues.
2 Déposez le mélange sur une feuille de papier sulfurisé, roulez-la pour former un boudin, puis resserrez les côtés comme un saucisson. Placez le beurre au réfrigérateur pendant au moins une heure et conservez-le ensuite une bonne semaine.
Pour un goût plus relevé, ajoutez 1 gousse d'ail pelée et hachée dans le robot. Si vous servez ce beurre à l'apéritif, vous pouvez également ajouter 1 cuillerée à soupe de fleur de sel et 1 cuillerée à café de poivre moulu.

BEURRE AU PIMENT D'ESPELETTE

Pour **110 g de beurre** • Préparation **10 min** • Réfrigération **1 h**

100 g de beurre / **1** c. à s. de fleur de sel / **1** c. à s. de piment d'Espelette

1 Dans un robot équipé d'une feuille, mélangez par à-coups le beurre, le sel et le piment d'Espelette jusqu'à obtenir une texture homogène.
2 Déposez le beurre sur une feuille de papier sulfurisé, roulez-la pour former un boudin, resserrer les côtés comme un saucisson. Placez le beurre au réfrigérateur pendant au moins une heure et conservez-le ensuite une bonne semaine.
Ajustez la quantité de piment selon votre goût !

BEURRE D'ANCHOIS
BEURRE AU PIMENT D'ESPELETTE
BEURRE D'ALGUES

2439

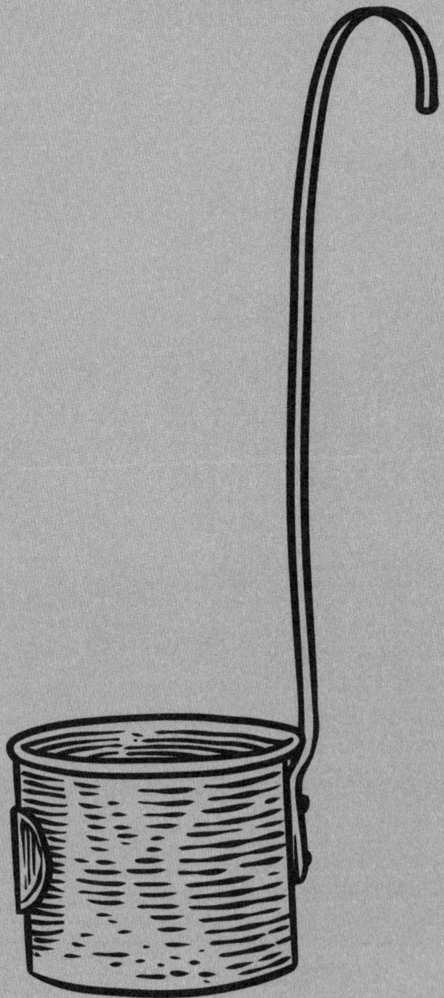

SAUCES

SAUCE AU VIN ROUGE

Pour **4 personnes** • Préparation **10 min** • Cuisson **20 min**

2 échalotes / **2** gousses d'ail / **40** cl de vin rouge / **1** grosse pincée de sel / **1** bouquet garni / **1** c. à c. de poivre noir en grains / **150** g de beurre en morceaux

1 Épluchez les échalotes et l'ail, puis coupez-les en deux.
2 Dans une casserole, mettez les échalotes et l'ail avec le vin rouge, le sel, le bouquet garni et le poivre. Faites réduire de moitié à feu moyen.
3 Filtrez à l'aide d'un chinois afin de retirer la garniture. Remettez la sauce dans la casserole et faites à nouveau réduire, presque de moitié.
4 Hors du feu, montez la sauce au beurre en ajoutant le beurre petit à petit et en faisant un mouvement circulaire avec la casserole. Vous pouvez aussi fouetter le mélange.

SAUCE HOLLANDAISE

Pour **4 personnes** • Préparation **5 min** • Cuisson **10 min**

3 jaunes d'œufs / **200** g de beurre en morceaux / **2** c. à s. de jus de citron / **Sel** et **poivre** du moulin

1 Dans une petite casserole, battez les jaunes d'œufs avec 2 cuillerées à soupe d'eau tiède. Placez le tout au bain-marie tout en continuant de fouetter. Laissez gonfler le mélange jusqu'à ce qu'il devienne mousseux.
2 Hors du feu, ajoutez le beurre par petits morceaux sans cesser de fouetter. puis, salez, poivrez et ajoutez le jus de citron. Servez chaud.

SAUCE BÉARNAISE

Pour **4 personnes** • Préparation **5 min** • Cuisson **15 min**

1 échalote / **5** tiges d'estragon / **4** c. à s. de vinaigre de vin / **3** c. à s. de vin blanc / **2** jaunes d'œufs / **160** g de beurre froid en petits morceaux / **Sel** et **poivre** du moulin

1 Pelez et émincez l'échalote. Hachez l'estragon.
2 Dans une casserole, mettez le vinaigre, le vin, l'échalote et la moitié de l'estragon. Salez, poivrez et faites cuire 10 minutes sur feu doux, puis réduisez-le un peu.
3 Laissez légèrement refroidir et ajoutez les jaunes en fouettant sur feu très doux : le sabayon doit prendre sans que les jaunes cuisent.
4 Lorsque le mélange est mousseux et homogène, puis montez la sauce hors du feu en ajoutant le beurre petit à petit en fouettant. Ajoutez enfin le reste d'estragon.

SAUCE AU
VIN ROUGE

Beurre blanc

1 échalote / **1** verre de vin blanc / le jus de **½** citron /
200 g de beurre froid en petits morceaux / **Sel** et **poivre** du moulin

1 Hachez finement l'échalote, puis placez-la dans une casserole avec le vin blanc et le jus de citron. Salez et poivrez.

2 Laissez réduire 5 minutes sur feu doux, puis montez la sauce hors du feu en ajoutant le beurre petit à petit tout en fouettant.

Beurre clarifié

Pilier de la cuisine indienne, le beurre clarifié, ou ghee, s'utilise pour cuire légumes, viandes et poissons sans prendre le risque qu'il noircisse. Moins périssable que le beurre classique, il se conserve au frais dans un pot fermé.

1 Mettez le beurre dans une casserole et laissez-le fondre le plus lentement possible sans y toucher. Les chefs, eux, le laissent sur le bord du piano de cuisson.

2 Une fois le beurre fondu, retirez la partie mousseuse, c'est-à-dire la caséine, qui flotte à la surface à l'aide d'une cuillère. Récupérez le liquide jaune juste en dessous, en le transvasant dans un autre récipient par exemple, mais sans prendre le petit-lait au fond : c'est lui qui fait brûler le beurre lors de la cuisson. Filtrez au chinois pour supprimer toutes les impuretés.

Beurre noisette

200 g de beurre

Dans une casserole, laissez fondre le beurre sur feu moyen jusqu'à ce qu'il mousse, crépite et commence à changer de couleur. Lorsque sa teinte est proche de celle de la noisette, stoppez la cuisson avant qu'il ne noircisse et filtrez-le à l'aide d'un chinois.

DK 092966
00952

VIANDES
ET VOLAILLES

SOURIS D'AGNEAU AU BEURRE D'AROMATIQUES

Pour **4 personnes** • Préparation **10 min** • Cuisson **1 h 30**

1 bulbe de fenouil

4 carottes

1 oignon

2 gousses d'ail

1 bouquet d'aromatiques (thym, laurier, romarin)

1 verre de vin blanc

1 c. à s. de ras el-hanout

4 souris d'agneau

100 g de beurre d'aromatiques (voir p.44)

Sel et **poivre** du moulin

1 Préchauffez le four à 180 °C (th. 6). Lavez le fenouil et coupez-le en deux. Épluchez les carottes et détaillez-les en rondelles de 1 cm d'épaisseur. Pelez l'oignon et coupez-le en quatre.

2 Dans un faitout, placez le fenouil, les carottes, l'oignon, les gousses d'ail en chemise, le bouquet d'aromatiques et le vin blanc. Salez, poivrez, ajoutez le ras el-hanout et enfournez pour 1 heure.

3 Sortez le plat du four, et ajoutez les souris d'agneau et le beurre d'aromatiques. Versez un petit verre d'eau si tout le jus s'est évaporé. Couvrez et enfournez pour 30 minutes. Servez bien chaud.

Vous pouvez accompagner ce plat de tagliatelles fraîches agrémentées d'un morceau de beurre nature ou parfumé aux herbes ou au piment d'Espelette.

Tournedos de bœuf au beurre maître d'hôtel

Pour **4 personnes** • Préparation **10 min** • Réfrigération **30 min** • Cuisson **5 min**

Pour le beurre maître d'hôtel :

1 échalote

100 g de beurre à température ambiante

2 c. à s. de persil haché

le jus de ½ citron

1 c. à c. de fleur de sel

1 c. à c. de poivre concassé

1 kg de champignons bruns

2 gousses d'ail

60 g de beurre clarifié (voir p.36)

4 tournedos dans le filet

1 Préparez le beurre maître d'hôtel : pelez l'échalote et hachez-la. Dans un récipient, placez le beurre, le persil, le jus de citron, le sel, le poivre et l'échalote. Mélangez en malaxant bien, puis formez un boudin. Recouvrez de papier sulfurisé et placez au frais pendant 30 minutes minimum.

2 Pendant ce temps, hachez les gousses d'ail. Équeutez les champignons, lavez-les, puis émincez-les finement. Faites-les ensuite revenir dans une poêle avec la moitié du beurre clarifié sur feu moyen pendant 10 minutes. En fin de cuisson, ajoutez l'ail. Réservez.

3 Dans une autre poêle, faites saisir les tournedos avec le reste de beurre clarifié. Dosez la cuisson, selon votre goût (bleu, saignant ou bien cuit).

4 Disposez les champignons dans les assiettes, ajoutez les tournedos. Déposez une tranche de beurre maître d'hôtel sur la viande et une sur la garniture. Dégustez bien chaud.

MAGRETS DE CANARD, BEURRE DE GINGEMBRE ET DE YUZU

Pour **4 personnes** • Préparation **10 min** • Réfrigération **30 min** • Cuisson **25 min**

Pour le beurre parfumé :

3 cm de racine de gingembre

1 yuzu (ou 2 citrons verts)

1 tige de citronnelle

5 tiges de coriandre

80 g de beurre à température ambiante

2 magrets de canard

1 Préparez le beurre parfumé : pelez le gingembre. Pressez le yuzu et zestez-le. Prélevez le cœur de la tige de la citronnelle. Mixez le gingembre, le zeste de yuzu, 2 cuillerées à soupe de jus de yuzu, la citronnelle et la coriandre dans un robot hachoir. Ajoutez le beurre et mélangez à l'aide d'une spatule. Déposez le beurre parfumé sur une feuille de papier sulfurisé. Roulez-la pour former un boudin, fermez les côtés comme un saucisson et placez au frais 30 minutes.

2 Préchauffez le four à 200 °C (th. 6-7). Incisez la peau des magrets en croisillons. Dans une poêle, faites saisir les magrets 3 minutes côté peau sur feu vif sans ajouter de matière grasse. Retournez-les et poursuivez la cuisson pendant 5 minutes.

3 Déposez les magrets dans un plat à four et enfournez pour 10 minutes environ pour une cuisson saignante.

4 Au sortir du four, laissez les magrets reposer pendant 5 minutes à couvert. Coupez-les en fines tranches, disposez-les dans les assiettes et ajoutez une tranche de beurre parfumé par-dessus. Servez avec des carottes confites au beurre (voir p.102).

ESCALOPES DE VEAU AU BEURRE DE SAUGE ET AUX FRAMBOISES

Pour **4 personnes** • Préparation **15 min** • Cuisson **10 min**

Pour le beurre parfumé :

80 g de beurre de sauge à température ambiante (voir p.24)

100 g de framboises

4 escalopes de veau de 180 g chacune

500 g de framboises

12 feuilles de sauge ciselées

Sel et **poivre** du moulin

1 Mélangez les framboises avec le beurre de sauge.

2 Dans une poêle, faites cuire les escalopes avec la moitié du beurre parfumé 3 minutes de chaque côté sur feu moyen. Deux minutes avant la fin de la cuisson, ajoutez les framboises et le reste de beurre ainsi que la sauge. Salez, poivrez et servez bien chaud.

Vous pouvez accompagner ce plat d'une bonne embeurrée de pomme de terre !

RÔTI DE PIGEON AUX FRUITS SECS

Pour **4 personnes** • Préparation **15 min** • Cuisson **20 min**

1 oignon

2 échalotes

4 pigeons

1 c. à s. d'huile d'olive

2 c. à s. de cognac

100 g de noisettes

100 g d'amandes entières et non émondées

200 g de cranberries séchées

1 c. à c. de cumin

2 verres de vin blanc

100 g de beurre

1 Pelez et émincez l'oignon et les échalotes.

2 Dans une cocotte, faites dorer les pigeons avec l'huile d'olive sur toutes les faces 5 minutes sur feu vif. Versez ensuite le cognac et faites flamber.

3 Ajoutez les noisettes, les amandes, les cranberries, le cumin, l'oignon, les échalotes, le vin blanc et 10 centilitres d'eau. Enfin, ajoutez le beurre. Couvrez et laissez cuire sur feu moyen pendant 25 minutes en retournant les pigeons à mi-cuisson. Dégustez bien chaud avec de la semoule de couscous ou des pommes de terre rôties au four.

Carrés d'agneau au beurre d'herbes

Pour **4 personnes** • Préparation **10 min** • Cuisson **20 min**

1 kg de légumes nouveaux (carottes, asperges, oignons, navets, rabioles...)

2 carrés d'agneau soit 8 à 12 côtes, selon leur taille

120 g de beurre d'herbes de Provence pommade

Sel et **poivre** du moulin

1. Préchauffez le four à 250 °C (th. 8). Lavez les légumes nouveaux en conservant la peau, puis coupez-les en deux ou en quatre selon leur taille.

2. Enduisez le dos des carrés d'agneau de beurre d'herbes de Provence. Placez les carrés dans un plat à four, salez et poivrez généreusement, et ajoutez les légumes. Enfournez pour 10 minutes en arrosant régulièrement avec le beurre fondu.

3. Baissez le four à 180 °C (th. 6) et poursuivez la cuisson pendant 10 minutes pour une viande rosée, 15 à 20 minutes si vous la préférez plus cuite.

4. Au sortir du four, couvrez la viande de papier d'aluminium et laissez reposer 5 minutes. Découpez les carrés et servez avec les légumes.

TAGINE DE LAPIN AU BEURRE, SAFRAN ET NAVETS

Pour **4 personnes** • Préparation **15 min** • Cuisson **1 h**

2 oignons
2 gousses d'ail
2 branches de thym
4 branches de persil
1 citron non traité
1 orange non traitée
2 c. à s. d'huile d'olive
1 lapin de 1,2 kg environ coupé en morceaux
1 c. à s. de ras el-hanout
4 pistils de safran
80 g de beurre en morceaux
1 kg de petits navets
4 c. à s. de miel
Sel et **poivre** du moulin

1 Épluchez et émincez les oignons et l'ail. Hachez le thym et le persil. Lavez et coupez le citron et l'orange en quatre.

2 Dans une cocotte, placez l'oignon, l'ail, l'huile d'olive et les morceaux de lapin. Saupoudrez de ras el-hanout et ajoutez le safran. Salez, poivrez, puis ajoutez le beurre, les navets, le thym, le citron et l'orange. Arrosez le tout de miel et versez 2 verres d'eau. Couvrez et faites cuire 30 minutes sur feu moyen.

3 Baissez le feu, vérifiez qu'il reste du liquide et ajoutez un peu d'eau si nécessaire. Poursuivez la cuisson pendant 30 minutes à feu doux.

RIS DE VEAU AUX MORILLES ET BEURRE DE TRUFFES

Pour **4 personnes** • Préparation **30 min** • Réfrigération **30 min** • Cuisson **30 min**

Pour le beurre de truffes :
100 g de beurre pommade
20 g de brisures de truffes

150 g de morilles sèches
1 kg de ris de veau
30 g de beurre
2 c. à s. d'huile d'olive
Farine
1 c. à s. de persil haché
Sel et **poivre** du moulin

1 Réhydratez les morilles en les plongeant dans de l'eau tiède pendant 4 heures. Préparez le beurre de truffes : mélangez les brisures avec le beurre en pommade, placez dans un papier sulfurisé. Placez au frais 30 minutes.

2 Faites blanchir les ris dans un grand volume d'eau bouillante salée pendant 10 minutes. Égouttez-les, rafraîchissez-les sous l'eau froide, puis dénervez-les en supprimant le plus possible de peau blanche. Coupez les ris en morceaux. Réservez.

3 Dans une poêle, faites chauffer le beurre avec 1 cuillerée à soupe d'huile, puis déposez les morilles. Salez, poivrez et ajoutez un filet d'eau. Faites revenir 10 minutes sur feu doux. Attention ! Crues, les morilles sont toxiques, la cuisson doit donc être suffisante. Réservez.

4 Farinez les ris. Dans une autre poêle, faites-les cuire avec 1 cuillerée à soupe d'huile et 100 grammes du beurre de truffes, que vous ferez mousser, 10 minutes environ sur feu moyen. Salez, poivrez, ajoutez les morilles ainsi que le reste de beurre de truffes. Parsemez de persil.

5 Servez bien chaud avec des légumes ou une bonne embeurrée de pommes de terre ou de céleri-rave.

GRENADINS DE VEAU À L'ORANGE

Pour **4 personnes** • Préparation **30 min** • Cuisson **30 min**

6 oranges non traitées

4 grenadins de veau

1 c. à s. d'huile d'olive

60 g de beurre en morceaux
+ **20** g pour la cuisson

1 c. à s. de sucre

2 tiges de sauge hachées

Sel et **poivre** du moulin

1 Zestez 2 oranges, puis pelez à vif l'ensemble des oranges. Prélevez les suprêmes en conservant le jus qui s'écoule.

2 Dans une poêle, faites revenir les grenadins avec l'huile et 20 grammes de beurre 5 minutes sur feu moyen. Retournez les grenadins et laissez cuire 5 minutes de plus. Ajoutez les suprêmes d'orange, les zestes et le jus. Salez, poivrez et poursuivez la cuisson pendant 5 minutes.

3 Retirez les grenadins et les suprêmes de la poêle, réservez au chaud. Hors du feu, versez le sucre dans le jus, faites un peu réduire puis montez la sauce au beurre en ajoutant les morceaux au fur et à mesure tout en fouettant. Remettez les suprêmes et les grenadins dans la poêle et parsemez de sauge. Nappez les grenadins avec la sauce.

4 Servez bien chaud avec des linguines que vous parfumerez avec du beurre d'orange.

Fricassée de volaille, champignons sauvages et beurre des ours

Pour **4 personnes** • Préparation **20 min** • Cuisson **1 h**

1 poulet de 1,2 kg

2 gousses d'ail

1 oignon

1 poignée d'ail des ours

600 g de girolles fraîches (ou 300 g en conserve)

600 g de chanterelles fraîches (ou 300 g en conserve)

100 g de beurre clarifié (voir p.36)

40 cl de vin blanc

50 g de beurre en morceaux

Sel et **poivre** du moulin

1 Découpez le poulet en morceaux. Concassez la carcasse à l'aide d'un gros couteau. Épluchez et émincez l'ail et l'oignon. Hachez l'ail des ours. Nettoyez et épluchez les champignons s'ils sont frais ou égouttez-les.

2 Dans un faitout, faites rissoler les morceaux de poulet et de carcasse avec le beurre clarifié 5 à 10 minutes sur feu moyen, jusqu'à ce qu'ils soient bien dorés. Réservez.

3 Dans le même faitout, faites revenir l'oignon et l'ail. Remettez le poulet et la carcasse, arrosez avec le vin blanc et 2 verres d'eau. Salez, poivrez, ajoutez la moitié de l'ail des ours et les champignons. Couvrez et laissez cuire 30 minutes sur feu moyen.

4 Poursuivez la cuisson pendant 30 minutes sur feu doux. En fin de cuisson, supprimez la carcasse, ajoutez le reste d'ail des ours et récupérez le jus dans un récipient. Montez-le jus au beurre hors du feu en ajoutant les morceaux petit à petit tout en fouettant.

5 Arrosez la viande et les champignons de sauce, et dégustez !

POISSONS
ET FRUITS DE MER

SOLE MEUNIÈRE AU BEURRE DE SALICORNE

Pour **4 personnes** • Préparation **20 min** • Réfrigération **30 min** • Cuisson **15 min**

Pour le beurre de salicorne :

50 g de salicorne au vinaigre

1 gousse d'ail

80 g de beurre à température ambiante

Sel et **poivre** du moulin

4 soles

100 g de farine

2 c. à s. d'huile d'olive

3 tiges de persil hachées

1 Préparez le beurre de salicorne : égouttez la salicorne, rincez-la rapidement et séchez-la. Pelez et hachez l'ail. Placez-la dans le bol d'un mixeur, ajoutez le beurre et l'ail. Salez, poivrez et mixez. Placez au réfrigérateur 30 minutes.

2 Retirez la peau des soles sur les deux faces (ou demandez-le à votre poissonnier). Rincez-les, séchez-les et farinez-les des deux côtés.

3 Dans une grande poêle, faites chauffer l'huile d'olive sur feu moyen et ajoutez la moitié du beurre parfumé. Faites cuire les soles 6 à 8 minutes de chaque côté : elles doivent être bien dorées, mais le beurre ne doit ni brûler ou noircir. En fin de cuisson, ajoutez le reste de beurre parfumé et parsemez de persil.

Vous pouvez accompagner les soles de pommes de terre vapeur accompagnées d'un beurre blanc (voir p.36) ou d'une embeurrée de céleri-rave.

Papillotes de dorade au beurre thaï et citron vert

Pour **4 personnes** • Préparation **20 min** • Cuisson **20 min**

Pour le beurre thaï :

2 gousses d'ail

2 tiges de citronnelle

100 g de beurre à température ambiante

2 c. à s. de coco râpée

4 tiges de coriandre

3 cm de racine de gingembre

2 belles dorades royales

1 citron vert

Sel et **poivre** du moulin

1 Préparez le beurre thaï : pelez et hachez l'ail, émincez le cœur des tiges de citronnelle. Mettez le beurre, l'ail, la noix de coco râpée et la citronnelle dans le bol d'un mixeur. Effeuillez la coriandre, râpez le gingembre, salez, poivrez et mixez.

2 Préchauffez votre four à 180 °C (th. 6). Videz les dorades (ou demandez-le à votre poissonnier), puis rincez-les et séchez-les. Coupez le citron vert en tranches. Mettez la moitié du beurre parfumé dans les dorades, l'autre moitié dessus. Salez, poivrez et disposez les tranches de citrons verts par-dessus. Enfournez pour 20 minutes en arrosant de jus de cuisson à mi-temps. Servez bien chaud, dès la sortie du four.

Ces papillotes s'accorderont très bien avec un wok de légumes verts (haricots verts, courgettes, pois gourmands...) bien croquants sautés au beurre évidemment, avec un peu de citron vert et de gingembre.

RILLETTES DE SAUMON AU BEURRE D'ESTRAGON

Pour **4 personnes** • Préparation **20 min** • Cuisson **20 min** • Réfrigération **1 h**

300 g de saumon frais

1 c. à s. d'huile de tournesol

300 g de saumon fumé

100 g de beurre doux à température ambiante

5 tiges d'estragon

Sel et **poivre** du moulin

1 Préchauffez le four à 200 °C (th. 6-7). Déposez le saumon frais dans un plat à four, versez l'huile en filet par-dessus. Salez, poivrez et enfournez pour 20 minutes. Au sortir du four, laissez refroidir, puis émiettez le saumon à l'aide d'une fourchette.

2 Coupez le saumon fumé en morceaux. Mettez-les dans le bol d'un mixeur, ajoutez le beurre, effeuillez l'estragon, poivrez et mixez. Incorporez le saumon cuit à l'aide d'une fourchette pour conserver l'effiloché. Lorsque le mélange est homogène, placez au réfrigérateur 1 heure minimum avant de déguster sur du pain de campagne grillé avec un filet de jus de citron.

Vous pouvez remplacer l'estragon par du persil ou toute autre herbe de votre choix.

750
4245

AILES DE RAIE AU BEURRE BLANC ET AUX CÂPRES

Pour **4 personnes** • Préparation **20 min** • Cuisson **15 min**

2 belles ailes de raies
10 cl de vinaigre blanc
1 c. à c. de grains de poivre
1 c. à c. de gros sel

Pour le beurre blanc :
1 grosse échalote
10 cl de vin blanc
5 cl de vinaigre de vin
180 g de beurre salé
80 g de petites ou grandes câpres
1 poignée de persil haché

1 Placez les ailes dans une sauteuse, couvrez d'eau et ajoutez le vinaigre blanc, les grains de poivre et le gros sel. Portez à ébullition, puis faites cuire à petits bouillons pendant 15 minutes.

2 Pendant ce temps, préparez le beurre blanc : pelez et hachez l'échalote, puis placez-la dans une casserole avec le vinaigre de vin et le vin blanc. Portez à ébullition et laissez cuire jusqu'à réduire de moitié. Hors du feu, incorporez le beurre au fur et à mesure à l'aide d'un fouet, la préparation devient alors crémeuse.

3 Égouttez les ailes de raie, disposez-les dans un plat. Arrosez de beurre blanc, parsemez les câpres et le persil.

Vous pouvez servir les ailes avec des pommes de terre cuites à l'eau ou des haricots verts cuits bien fermes arrosés de beurre clarifié et d'un jus de citron.

SAINT-JACQUES RÔTIES ET LEUR EMBEURRÉE À L'ORANGE

Pour **4 personnes** • Préparation **20 min** • Cuisson **25 min**

Pour l'embeurrée de pommes de terre :

1 kg de pommes de terre Blue Belle ou Charlotte

200 g de beurre

Noix muscade râpée

1 orange

Gros sel

20 noix de Saint-Jacques avec leur corail

1 c. à s. d'huile d'olive

50 g de beurre

5 brins de coriandre ou de sauge hachés

Sel et **poivre** du moulin

1 Épluchez les pommes de terre. Placez-les dans une casserole et couvrez d'eau avec un peu de gros sel. Faites cuire 25 minutes départ à froid sur feu vif.

2 Égouttez les pommes de terre, puis écrasez-les à l'aide d'un presse-purée. Ajoutez le beurre, de la noix muscade selon votre goût, zestez l'orange, poivrez. Vérifiez et rectifiez l'assaisonnement si nécessaire. Couvrez et conservez au chaud.

3 Lavez les noix de Saint-Jacques et séchez-les à l'aide d'un linge propre. Dans une poêle, faites chauffer l'huile d'olive, ajoutez le beurre et faites mousser. Ajoutez les Saint-Jacques, salez, poivrez et laissez cuire 2 minutes de chaque côté. Attention à ne pas les faire trop cuire, elles doivent rester nacrées.

Dans 4 assiettes, répartissez l'embeurrée, disposez les Saint-Jacques par-dessus et arrosez du jus de cuisson. Parsemez de coriandre ou de sauge.

Bar au beurre blanc, citronnelle et gingembre

Pour **4 personnes** • Préparation **20 min** • Cuisson **20 min**

2 bars de ligne de 1 kg chacun écaillés et vidés

2 c. à s. d'huile d'olive

50 g de beurre

2 gousses d'ail

1 oignon

1 poignée de coriandre, de persil ou de ciboulette haché

Sel et **poivre** du moulin

Pour le beurre blanc :

2 gousses d'ail

2 cm de racine de gingembre

1 tige de citronnelle

5 cl de vinaigre de vin

10 cl de vin blanc

250 g de beurre en petits morceaux

1 Préchauffez le four à 200 °C (th. 6-7). Rincez les bars et séchez-les. Placez-les dans un plat à four avec l'huile d'olive et le beurre. Salez, poivrez. Pelez et hachez l'oignon. Écrasez les gousses d'ail et placez-en une à l'intérieur de chaque bar. Ajoutez la coriandre, le persil ou la ciboulette, l'oignon et enfournez pour 20 minutes.

2 Pendant ce temps, préparez le beurre blanc : pelez et émincez l'ail et le gingembre, hachez le cœur de la citronnelle. Dans une casserole, portez à ébullition l'ail avec le vinaigre de vin et le vin blanc, et faites réduire de moitié. Hors du feu, incorporez le beurre au fur et à mesure à l'aide d'un fouet, la préparation devient alors crémeuse. Ajoutez le gingembre et la citronnelle. Couvrez et réservez.

3 Au sortir du four, retirez la peau des bars et arrosez-les de beurre blanc.

Ce plat se marie très bien avec une ratatouille au beurre (voir p.92).

ENCORNETS POÊLÉS AU BEURRE D'ESCARGOT

Pour **4 personnes** • Préparation **10 min** • Cuisson **12 min**

600 à **800** g d'encornets frais

100 g de farine

1 citron jaune

1 c. à s. d'huile d'olive

30 g de beurre doux

80 g de beurre d'escargot (voir p.26)

Sel et **poivre** du moulin

1 Lavez les encornets, videz-les, rincez-les et coupez-les en anneaux. Séchez-les dans un linge propre. Farinez-les et supprimez l'excédent de farine. Pressez le citron.

2 Dans une poêle, faites chauffer l'huile d'olive, ajoutez le beurre et laissez-le fondre, puis faites saisir les encornets saisir 5 minutes sur feu vif. Salez et poivrez. Poursuivez la cuisson 5 à 7 minutes sur feu doux.

3 Ajoutez le beurre d'escargot en fin de la cuisson. Arrosez du jus de citron et servez bien chaud.

AMANDES DE MER GRATINÉES AU BEURRE D'ALGUES ET DE CORIANDRE

Pour **4 personnes** • Préparation **10 min** • Cuisson **5 min**

Pour le beurre d'algues et de coriandre :

5 brins de coriandre

100 g de beurre salé à température ambiante

2 c. à s. d'algues en paillettes (laitue de mer, nori...)

Poivre du moulin

32 amandes de mer ou, à défaut huîtres, couteaux palourdes...

30 g de chapelure

1 Préparez le beurre d'algues et de coriandre : hachez la coriandre. Placez le beurre, les algues et la coriandre dans le bol d'un mixeur, ajoutez 4 tours de moulin à poivre et mixez.

2 Préchauffez le four 220 °C (th. 7-8). Ouvrez les coquillages, rincez-les rapidement s'ils sont sableux. Disposez-les sur une plaque à four recouverte de papier sulfurisé. Déposez un peu de beurre parfumé dans chaque coquillage, parsemez de chapelure et enfournez pour 3 à 5 minutes. Dégustez bien chaud.

Vous pouvez servir ces coquillages en entrée ou en plat accompagnés de linguines.

TRESSE DE SOLE AU BEURRE DE CORIANDRE

Pour **4 personnes** • Préparation **10 min** • Cuisson **8 min**

Pour le beurre de coriandre :

1 gousse d'ail

1 bouquet de coriandre

100 g de beurre doux
à température ambiante

1 citron

Poivre du moulin

les filets de **4** grosses soles

20 g de beurre

10 cl de vin blanc

Sel et **poivre** du moulin

1 Préparez le beurre de coriandre : pelez l'ail, hachez la coriandre. Dans le bol d'un mixeur, mettez le beurre, la coriandre et l'ail, ajoutez 4 tours de moulin à poivre et un filet de citron, puis mixez.

2 Préchauffez le four à 180 °C (th. 6). Coupez les filets en trois dans le sens de la longueur, puis tressez-les. Beurrez un plat à four et disposez les tresses dedans. Salez, poivrez, ajoutez le vin blanc et enfournez pour 8 minutes.

3 Pendant ce temps, faites chauffer 4 assiettes. Au sortir du four, disposez les tresses de soles dans les assiettes chaudes, ajoutez un généreux morceau de beurre parfumé par-dessus. Servez sans attendre.

Accompagnez ce plat de champignons sautés au beurre ou de haricots verts parfumés au beurre de coriandre.

Gambas au beurre de curry

Pour **4 personnes** • Préparation **15 min** • Cuisson **5 min**

Pour le beurre de curry :

1 gousse d'ail

1 tige de citronnelle

80 g de beurre à température ambiante

1 c. à s. de pâte de curry rouge

800 g de gambas crues fraîches ou surgelées

1 c. à s. d'huile d'olive

1 botte de coriandre hachée

1 Préparez le beurre de curry : pelez et émincez l'ail, hachez le cœur de la tige de citronnelle. Dans le bol d'un mixeur, mettez le beurre avec l'ail, la pâte de curry, la citronnelle et mixez.

2 Épluchez les gambas. Dans une poêle, faites-les revenir avec l'huile d'olive et le beurre de curry 5 minutes sur feu moyen. La cuisson doit être courte pour qu'elles conservent leur tendreté. En fin de cuisson, parsemez de coriandre.

C'est la simplicité de cette recette qui fait son succès ! Servez les gambas avec des légumes verts (haricots verts, asperges…) ou une simple timbale de riz blanc.

LÉGUMES

POMMES DE TERRE RISSOLÉES

Pour **4 personnes** • Préparation **10 min** • Cuisson **25 min**

1 kg de pommes de terre Princesse Amandine, Cherry, Blue Belle...

2 c. à s. d'huile d'olive

120 g de beurre ou de beurre d'aromatiques (voir p.24) coupé en gros morceaux

1 c. à s. d'herbes de Provence

5 tiges de persil hachées

Sel et **poivre** du moulin

1 Lavez les pommes de terre et épluchez-les. Coupez-les en gros cubes de 3 à 4 cm de côté. Mettez-les dans une grande casserole, couvrez d'eau froide et portez à ébullition. Stoppez la cuisson aux premiers bouillons, égouttez les pommes de terre et séchez-les dans un torchon.

2 Dans une sauteuse, faites chauffer l'huile d'olive avec le beurre, mettez les pommes de terre, salez, poivrez et faites revenir 3 minutes sur feu vif. Baissez sur feu doux et poursuivez la cuisson environ 20 minutes en remuant régulièrement.

3 En fin de cuisson, parsemez les herbes de Provence et le persil. Servez bien chaud en accompagnement d'une viande.

Ratatouille au beurre

Pour **4 personnes** • Préparation **20 min** • Cuisson **20 min**

2 courgettes
2 petites aubergines
2 poivrons
6 tomates
2 gousses d'ail
2 oignons
20 cl d'huile d'olive
150 g de beurre
2 c. à s d'herbes de Provence
1 botte de basilic hachée
Sel et **poivre** du moulin

1 Lavez les courgettes, les aubergines, les poivrons et les tomates. Pelez les poivrons (vous pouvez les passer sous le gril quelques minutes) et épépinez-les. Coupez tous les légumes en gros dés sans les mélanger. Épluchez et hachez l'ail et l'oignon.

2 Dans une sauteuse, faites cuire les courgettes avec 2 cuillerées à soupe d'huile et 30 grammes de beurre 5 minutes sur feu moyen (elles doivent rester croquantes). Réservez, puis faites de même avec les poivrons. Réservez également. Enfin, faites cuire l'aubergine avec le reste d'huile d'olive et 50 grammes de beurre 10 à 15 minutes sur feu moyen (elle doit être fondante). Salez, poivrez et ajoutez une partie de l'oignon et de l'ail hachés. Réservez.

3 Dans une autre sauteuse, faites sauter les tomates avec 1 cuillerée à soupe d'huile d'olive 5 minutes sur feu moyen. Hors du feu, ajoutez les légumes mis de côté, mélangez bien. Vérifiez et rectifiez l'assaisonnement si nécessaire. Parsemez les herbes de Provence et le basilic. Servez chaud ou bien froid, comme une salade.

NAVETS GLACÉS AU BEURRE

Pour **4 personnes** • Préparation **5 min** • Cuisson **25 min**

1 kg de petits navets ou de rabioles

100 g de beurre

1 c. à s. de sucre

1 petit bouquet de fines herbes fraîches (persil, cerfeuil, ciboulette...)

Sel et **poivre** du moulin

1 Lavez les navets et épluchez-les si nécessaire. Coupez le beurre en petits morceaux.

2 Dans une sauteuse, mettez les navets, couvrez d'eau à hauteur, ajoutez le sucre et le beurre, salez généreusement et poivrez. Découpez un rond de papier sulfurisé du même diamètre que la sauteuse, puis faites un trou au centre de 1 centimètre de diamètre. Posez le papier sur l'eau et faites cuire 20 à 25 minutes sur feu moyen. L'eau doit s'être évaporée et les navets doivent être fondants. Surveillez bien la fin de cuisson.

3 Hachez les fines herbes et parsemez-les juste avant de servir.

FONDUE DE POIREAUX AU BEURRE D'AIL

Pour **4 personnes** • Préparation **15 min** • Cuisson **35 min**

8 gros poireaux

1 c. à s. d'huile d'olive

100 g de beurre d'ail des ours (voir p.26)

Sel et **poivre** du moulin

1 Supprimez le vert des poireaux. Fendez les blancs en deux, lavez-les bien. Coupez-les ensuite en tronçons de 10 centimètres de long, puis émincez-les en julienne. Coupez le beurre d'ail en morceaux.

2 Dans une sauteuse, faites chauffer l'huile et le beurre d'ail, puis ajoutez le poireau. Salez, poivrez, ajoutez un petit verre d'eau et faites cuire 5 minutes sur feu moyen. Couvrez et poursuivez la cuisson 30 minutes sur feu doux, les poireaux doivent être tendres.

3 Vérifiez et rectifiez l'assaisonnement si nécessaire. Servez la fondue chaude ou tiède.

CÔTES DE BLETTE RÔTIES AU BEURRE D'ORANGE

Pour **4 personnes** • Préparation **10 min** • Cuisson **10 min**

1 kg de blettes ou de poirées multicolores

1 c. à s. d'huile d'olive

80 g de beurre d'orange (voir p.26)

1 petite botte de persil hachée

Sel et **poivre** du moulin

1 Supprimez les feuilles des blettes, lavez les côtes, puis coupez-les en tronçons de 5 centimètres de long. Faites-les blanchir 5 minutes dans un grand volume d'eau salée. À la fin de la cuisson, plongez-les dans de l'eau froide et égouttez-les.

2 Dans une poêle, faites chauffer l'huile avec le beurre d'orange. Jetez-y les côtes et faites rôtir 5 minutes en les retournant régulièrement. Salez, poivrez et parsemez de persil. Servez bien chaud.

Variante : vous pouvez remplacer le persil par de la sauge.

Carottes confites au beurre

Pour **4 personnes** • Préparation **10 min** • Cuisson **20 min**

1 kg de carottes nouvelles
2 c. à s. d'huile d'olive
100 g de beurre salé coupé en morceaux
1 c. à c. de cumin en poudre
80 g de graines de courge
Poivre du moulin

1 Lavez et épluchez les carottes. Coupez-les en deux dans le sens dans la longueur.

2 Dans une grande poêle, faites chauffer l'huile d'olive avec le beurre sur feu moyen. Mettez les carottes, poivrez et saupoudrez de cumin. Laissez cuire 15 à 20 minutes sur feu très doux en retournant régulièrement.

3 Parsemez les graines de courge 2 minutes avant la fin de la cuisson. Servez les carottes lorsqu'elles sont fondantes.

ASPERGES RÔTIES AU BEURRE D'AGRUMES

Pour **4 personnes** • Préparation **5 min** • Cuisson **20 min**

2 bottes d'asperges vertes

1 c. à s. d'huile d'olive

100 g de beurre d'agrumes (voir p.26) en petits morceaux

Sel et **poivre** du moulin

1 Préchauffez le four à 200 °C (th. 6-7). Lavez les asperges et coupez la base de la tige.

2 Huilez une plaque à four, disposez les asperges bien à plat. Salez, poivrez et ajoutez le beurre sur les asperges. Enfournez pour 20 minutes en les retournant à mi-cuisson. Servez les asperges bien chaudes.

PETITS POIS AU BEURRE DE MENTHE

Pour **4 personnes** • Préparation **5 min** • Cuisson **13 min**

600 g de petits pois écossés

1 gousse d'ail

1 oignon

80 g de beurre de menthe (voir p.24) en morceaux

1 pincée de piment d'Espelette

1 poignée de persil haché

Sel et **poivre** du moulin

1 Lavez les petits pois, puis faites-les blanchir 5 minutes dans un grand volume d'eau salée. À la fin de la cuisson, plongez-les dans de l'eau froide et égouttez-les. Pelez et émincez l'ail et l'oignon.

2 Dans une sauteuse, faites revenir l'ail et l'oignon avec le beurre de menthe 3 minutes. Ajoutez les petits pois, salez, poivrez, ajoutez le piment d'Espelette et poursuivez la cuisson 5 minutes sur feu doux.

3 Parsemez de persil et servez bien chaud.

RÂPÉE DE POMMES DE TERRE À L'AIL FUMÉ

Pour **4 personnes** • Préparation **20 min** • Cuisson **15 à 20 min**

1 kg de pommes de terre
4 gousses d'ail fumé d'Arleux
2 œufs
80 g de beurre
2 c. à s. d'huile d'olive
1 poignée de persil haché
Sel et **poivre** du moulin

1 Lavez les pommes de terre et épluchez-les. Râpez-les à l'aide d'une grille moyenne. Pelez et hachez l'ail fumé. Dans un grand saladier, battez les œufs, puis ajoutez les pommes de terre et l'ail. Salez et poivrez généreusement. Coupez le beurre en quatre.

2 Dans une poêle, faites chauffer l'huile d'olive avec le beurre, laissez-le mousser. Ajoutez la préparation de pommes de terre, aplatissez-la bien. Couvrez et laissez cuire 8 à 10 minutes sur feu moyen pour que le premier côté soit bien doré. Retournez à l'aide d'une assiette et faites cuire l'autre côté de la même manière.

3 Parsemez de persil juste avant de servir bien chaud ou tiède.

Accompagnez cette râpée d'une salade assaisonnée avec une vinaigrette aillée.

Potimarron rôti au four au beurre de sésame et de pavot

Pour **4 personnes** • Préparation **10 min** • Cuisson **25 min**

Pour le beurre de sésame et de pavot :

60 g de beurre

1 c. à s. de graines de sésame

1 c. à s. de graines de pavot

1 potimarron de 1 kg

3 gousses d'ail

1 c. à s. d'huile d'olive

1 poignée de persil haché

Sel et **poivre** du moulin

1 Préparez le beurre parfumé : dans le bol d'un mixeur, mettez le beurre, les graines de sésame et de pavot. Mixez.

2 Préchauffez le four à 200 °C (th. 6-7). Lavez le potimarron, supprimez les parties abîmées et les sections de peau très rugueuses. Conservez le reste de peau. Coupez le potimarron en huit et retirez les pépins. Coupez les gousses d'ail en deux.

3 Huilez une plaque à four, disposez les tranches de potimarron et les gousses d'ail. Enduisez-les de beurre parfumé, salez et poivrez généreusement. Enfournez pour 25 minutes. Au sortir du four, parsemez de persil et servez sans attendre.

Vous pouvez remplacer le persil par de la coriandre si vous préférez une saveur plus citronnée.

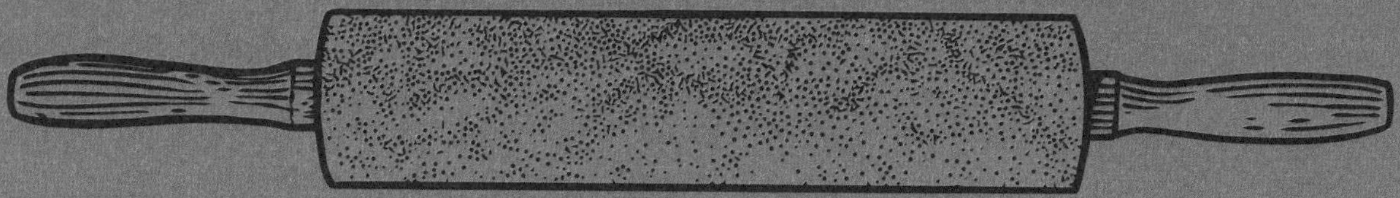

BASES DE PÂTES

PÂTE À CRUMBLE SUCRÉE

Pour **500 g de pâte** • Préparation **10 min**

150 g de beurre mou / **200** g de farine / **150** g de sucre blond

1 Dans un récipient, mettez la farine, le sucre et le beurre.
2 Travaillez le mélange du bout des doigts jusqu'à ce qu'il s'effrite et forme des morceaux.

Vous pouvez remplacer 50 g de farine par 60 g de poudre d'amande ou de noisette.

PÂTE BRISÉE

Pour **400 g de pâte** (soit 1 tarte) • Préparation **15 min** • Repos **30 min**

100 g de beurre / **200** g de farine / **1** pincée de sel / **30** g de sucre / **15** cl d'eau

1 Sortez le beurre pour qu'il soit à température ambiante, puis coupez-le en morceaux.
2 Versez la farine dans la cuve d'un batteur électrique muni d'un crochet.
3 Ajoutez le sel, le sucre, le beurre et l'eau.
4 Battez à vitesse moyenne jusqu'à ce qu'une boule commence à se former.
5 Déposez la pâte sur un plan de travail fariné et terminez de former la boule de pâte.
6 Conservez la pâte au réfrigérateur 30 minutes avant de l'utiliser.

PÂTE À CHOUX

Pour **24 choux** environ • Préparation **15 min** • Cuisson **25 min**

100 g de beurre / **1** c. à c. de sucre semoule / **1** pincée de sel / **150** g de farine / **3** œufs

1 Préchauffez le four à 200 °C (th. 6-7).
2 Dans une casserole, portez à ébullition 25 cl d'eau avec le beurre, le sucre et le sel.
3 Dans un récipient, tamisez la farine puis versez-la d'un coup dans la casserole, hors du feu. Mélangez avec une cuillère en bois. Replacez la casserole sur feu doux et faites dessécher la pâte 2 minutes sans cesser de remuer avec la cuillère en bois.
4 Incorporez les œufs un à un en mélangeant jusqu'à ce que la pâte forme une boule lisse et souple.
5 À l'aide d'une poche à douille, formez 24 choux sur une plaque recouverte de papier sulfurisé.
6 Placez au four et faites cuire 20 à 25 minutes en surveillant la cuisson et sans ouvrir le four.
7 Sortez les choux du four et laissez-les refroidir sur une grille.

PÂTE SABLÉE

Pour **500 g de pâte** • Préparation **20 min** • Repos **30 min**

125 g de beurre
2 jaunes d'œufs
70 g de sucre
250 g de farine
5 cl de lait
1 pincée de sel

1 Dans un récipient, battez les jaunes d'œufs et le sucre.

2 Dans un autre récipient, versez la farine et sel. Creusez un puits au centre.

3 Coupez le beurre en morceaux, ajoutez-le à la farine et travaillez la pâte du bout des doigts 1 minute pour la sabler. Vous pouvez également préparer la pâte dans la cuve d'un batteur électrique muni d'un crochet. Dans tous les cas, elle ne doit pas être trop travaillée.

4 Incorporez le mélange œufs-sucre à la pâte jusqu'à former une boule. Si la boule ne se forme pas, ajoutez un peu de lait. Ne travaillez pas trop la pâte pour ne pas la rendre élastique.

5 Conservez la pâte au réfrigérateur 30 minutes avant de l'utiliser.

PÂTE FEUILLETÉE

Pour **1 kg** de pâte • Préparation **25 min** • Repos **2 h**

375 g de beurre doux
500 g de farine
10 g de sel
250 g d'eau

1 Dans la cuve d'un batteur électrique muni d'un crochet, versez la farine et ajoutez-y le sel et l'eau à température ambiante. Mélangez 2 minutes à vitesse moyenne.

2 Sur un plan de travail fariné, déposez la pâte et formez une boule. Incisez-la pour éviter qu'elle ne craquelle par la suite, puis enveloppez-la dans du film alimentaire. Laissez reposer 30 minutes au réfrigérateur.

3 Sortez la pâte du film alimentaire et le beurre du réfrigérateur pour qu'il soit à température ambiante. Sur un plan de travail fariné, étalez la pâte au rouleau à pâtisserie en étirant les 4 extrémités et en laissant le centre plus épais. Façonnez ensuite le beurre en un carré de la même taille que la partie centrale de la pâte.

4 Déposez le beurre au centre de la pâte. Repliez les bords supérieur et inférieur sur le beurre, puis les bords de gauche et de droite. Balayez la farine en excédent sur chaque côté avec un pinceau avant de les rabattre les uns sur les autres.

5 Tapez la pâte avec un rouleau à pâtisserie pour faire pénétrer le beurre tout en conservant la forme carrée. Veillez à ce que le beurre ne s'échappe pas de son enveloppe de pâte.

6 Étalez de nouveau la pâte dans un seul sens pour former un rectangle de 1 cm d'épaisseur.

7 Tournez la pâte d'un quart de tour dans le sens contraire des aiguilles d'une montre. Repliez le rectangle en trois et aplatissez au rouleau les bords supérieur et inférieur pour souder la pâte.

8 Étalez-la à nouveau en un rectangle de 1 cm d'épaisseur. Effectuez un quart de tour dans le sens contraire des aiguilles d'une montre.

9 Pliez la pâte en trois en rabattant le bord droit en premier, puis celui de gauche. Positionnez les couches de pâte bord à bord. Étalez en un rectangle de 1 cm d'épaisseur et repliez en trois.

10 Enveloppez la pâte dans un film alimentaire et conservez-la 30 minutes au réfrigérateur. Vous venez de faire 2 tours avec la pâte. Il en faut 6 au total, réalisés en 3 fois.

11 Sortez la pâte du réfrigérateur et faites 2 nouveaux tours en répétant les étapes 6 à 9. Enveloppez la pâte dans du film alimentaire et conservez-la 30 minutes au réfrigérateur.

12 Sortez la pâte du réfrigérateur et donnez les 2 derniers tours avant de la placer à nouveau 30 minutes au réfrigérateur.

13 La pâte est prête. Étalez-la pour vous en servir immédiatement ou conservez-la au congélateur.

FEUILLETÉS

GRESSINS AUX GRAINES

Pour **25 gressins** • Préparation **15 min** • Cuisson **10 min**

80 g de beurre pommade
400 g de pâte feuilletée (voir p.120)
1 c. à s. de graines de sésame
1 c. à s. de graines de pavot
1 c. à c. de piment doux
1 jaune d'œuf
Fleur de sel et **poivre du moulin**

1. Préchauffez le four à 200 °C (th. 6-7).
2. Sur un plan de travail fariné, étalez la pâte feuilletée avec un rouleau à pâtisserie.
3. Tartinez-la avec le beurre pommade et parsemez dessus les graines de sésame et de pavot. Saupoudrez de piment doux. Repliez la pâte en deux.
4. Dans un bol, mélangez le jaune d'œuf avec 1 cuillerée à café d'eau. Badigeonnez la pâte de ce mélange avec un pinceau.
5. Découpez des bandes de pâte de 4 cm de largeur et entortillez-les sur elles-mêmes pour former les gressins. Salez et poivrez.
6. Placez une feuille de papier sulfurisé sur une plaque à four et déposez-y les bâtonnets de pâte.
7. Enfournez 8 à 10 minutes en surveillant la cuisson.
8. Sortez les gressins du four et laissez-les refroidir.

Kouign-amann

Pour **6 personnes** • Préparation **35 min** • Repos **1 h 20** • Cuisson **30 min**

210 g de beurre demi-sel mou
+ **50** g pour le moule

10 g de levure de boulanger fraîche

300 g de farine

200 g de sucre semoule
+ **50** g pour le moule

1 Délayez la levure dans 20 cl d'eau tiède. Faites fondre 10 g de beurre.

2 Dans un récipient, tamisez la farine, creusez-y un puits et versez-y la levure et le beurre fondu. Pétrissez pendant 10 minutes jusqu'à obtenir une pâte souple et homogène. Recouvrez-la d'un linge et laissez reposer 1 heure dans un endroit tiède ou près d'une source de chaleur. La pâte doit doubler de volume.

3 Sur un plan de travail fariné, abaissez la pâte avec un rouleau à pâtisserie pour former une grande crêpe. Étalez-y les 200 g de beurre ramolli sans aller jusqu'aux bords : laissez une marge libre de 2 cm sur le pourtour.

4 Saupoudrez le sucre sur le beurre et repliez la pâte en quatre de manière à former un triangle : pliez la pâte en deux pour avoir un demi-cercle, puis rabattez la pointe supérieure sur la pointe inférieure. Laissez reposer la pâte 20 minutes.

5 Étalez de nouveau la pâte avec le rouleau à pâtisserie. Repliez-la en quatre et formez un long rectangle.

6 Découpez le rectangle en bandes fines avec un couteau. Enroulez-les sur elles-mêmes pour former des escargots.

7 Préchauffez le four à 200 °C (th. 6-7). Beurrez généreusement et chemisez de sucre une plaque ou un moule à manqué. Disposez-y les escargots de pâte en les collant les uns aux autres.

8 Enfournez et faites cuire 30 minutes. Si le gâteau brunit trop vite, couvrez-le d'une feuille de papier aluminium en fin de cuisson.

9 Démoulez le kouign-amann encore chaud et servez tiède.

Café

CROISSANTS PUR BEURRE

Pour **8 croissants** • Préparation **40 min** • Repos **2 h** • Cuisson **15 min**

150 g de beurre mou
15 g de levure fraîche de boulanger
10 cl de lait
250 g de farine
1 œuf + **1** jaune d'œuf
1 c. à s. de sucre semoule
1 pincée de sel

1 Délayez la levure dans le lait tiède.

2 Dans un récipient, versez la farine et le sel, puis ajoutez-y l'œuf, le sucre et le lait avec la levure. Pétrissez et formez une boule. Couvrez-la d'un linge et laissez reposer 1 heure près d'une source de chaleur. La pâte doit doubler de volume.

3 Sur un plan de travail fariné, abaissez la pâte avec un rouleau à pâtisserie en formant une étoile à 4 branches (voir recette de la pâte feuilletée en p.120). Façonnez ensuite le beurre en un carré de la même taille que la partie centrale de la pâte. Déposez le beurre au milieu de la pâte et repliez les 4 branches de l'étoile sur le beurre.

4 Étalez la pâte en un long rectangle avec le rouleau à pâtisserie et pliez-la en trois. Tournez la pâte d'un quart de tour dans le sens contraire des aiguilles d'une montre et étalez-la de nouveau. Recommencez en tournant la pâte d'un quart de tour, étalez-la puis repliez-la en trois. Laissez reposer au réfrigérateur 30 minutes.

5 Sortez la pâte du réfrigérateur et renouvelez l'opération en réalisant 2 nouveaux tours. Réservez à nouveau 30 minutes au réfrigérateur.

6 Préchauffez le four à 200 °C (th. 6-7). Sur le plan de travail fariné, étalez la pâte en formant un rectangle et découpez-y 8 triangles avec un couteau. Roulez les croissants sur eux-mêmes en partant de la base et badigeonnez-les de jaune d'œuf avec un pinceau.

7 Placez au four et faites cuire 12 à 15 minutes. Sortez les croissants du four et laissez-les refroidir.

PAINS AU CHOCOLAT

Pour **8 pains au chocolat** • Préparation **40 min** • Repos **3 h** • Cuisson **20 min**

Pour la pâte feuilletée briochée :

150 g de beurre mou
+ **20** g pour la plaque

15 g de levure fraîche de boulanger

10 cl de lait

250 g de farine

1 œuf

1 c. à s. de sucre semoule

1 pincée de sel

Pour la garniture :

200 g de chocolat noir à pâtisser

1 Délayez la levure dans le lait tiède.

2 Dans un récipient, versez la farine et sel, puis ajoutez-y l'œuf, le sucre et le lait avec la levure. Pétrissez et formez une boule. Couvrez-la d'un linge et laissez reposer 1 heure près d'une source de chaleur. La pâte doit doubler de volume.

3 Sur un plan de travail fariné, abaissez la pâte avec un rouleau à pâtisserie en formant une étoile à 4 branches (voir recette de la pâte feuilletée en p.120). Façonnez ensuite le beurre en un carré de la même taille que la partie centrale de la pâte. Déposez le beurre au milieu de la pâte et repliez les 4 branches de l'étoile sur le beurre.

4 Étalez la pâte en un long rectangle avec un rouleau à pâtisserie et pliez-la en trois. Tournez la pâte d'un quart de tour dans le sens contraire des aiguilles d'une montre et étalez-la de nouveau. Recommencez en tournant la pâte d'un quart de tour, étalez-la avant de la replier à nouveau en trois. Vous avez réalisé 2 tours. Laissez reposer au réfrigérateur 30 minutes.

5 Sortez la pâte du réfrigérateur et renouvelez l'opération en réalisant 2 tours. Réservez à nouveau 30 minutes au réfrigérateur.

6 Sur le plan de travail fariné, étalez la pâte et découpez-la en 8 rectangles avec un couteau. Déposez-y une barre de chocolat et roulez la pâte sur elle-même pour former les pains au chocolat. Couvrez-les d'un linge propre et laissez reposer 1 heure sur une plaque à pâtisserie beurrée.

7 Préchauffez le four à 200 °C (th. 6-7). Enfournez les pains au chocolat et faites cuire 20 minutes en surveillant la fin de la cuisson.

Ajoutez du pralin ou 1 cuillerée à soupe de frangipane au moment d'insérer le chocolat dans la pâte.

PALMIERS AU SUCRE ROUX

Pour **20 petits palmiers** • Préparation **10 min** • Cuisson **25 min**

200 g de beurre salé mou

500 g de pâte feuilletée (voir p.120)

100 g de sucre semoule

50 g de sucre roux

1 Sur un plan de travail fariné, étalez la pâte feuilletée avec un rouleau à pâtisserie. Coupez-la en deux avec un couteau et taillez chaque moitié en rectangle.

2 Étalez le beurre mou sur chaque morceau de pâte et saupoudrez de sucre. Superposez les rectangles l'un sur l'autre, face beurrée vers le haut.

3 Préchauffez le four à 200 °C (th. 6-7). Enroulez la pâte sur elle-même en repliant les extrémités courtes vers le centre pour former les palmiers. Puis découpez en tranches de 1 cm d'épaisseur environ.

4 Recouvrez deux plaques à four de papier sulfurisé et déposez-y les palmiers. Saupoudrez-les de sucre roux.

5 Placez au four et faites cuire 20 à 25 minutes en surveillant la fin de la cuisson.

Brioche feuilletée

Pour **1 grosse brioche** • Préparation **40 min** • Repos **2 h** • Cuisson **25 min**

150 g de beurre mou
15 g de levure fraîche de boulanger
10 cl de lait
250 g de farine
1 œuf + **1** jaune d'œuf
1 c. à s. de sucre semoule
1 pincée de sel
1 c. à s. de sucre glace

1 Délayez la levure dans le lait tiède.

2 Dans un récipient, versez la farine et le sel, puis ajoutez-y l'œuf entier, le sucre semoule et le lait avec la levure. Pétrissez et formez une boule. Couvrez-la d'un linge et laissez reposer 1 heure près d'une source de chaleur. La pâte doit doubler de volume.

3 Sur un plan de travail fariné, abaissez la pâte avec un rouleau à pâtisserie en formant une étoile à 4 branches (voir recette de la pâte feuilletée en p.120). Façonnez ensuite le beurre en un carré de la même taille que la partie centrale de la pâte. Déposez le beurre au milieu de la pâte et repliez les 4 branches de l'étoile sur le beurre.

4 Étalez la pâte en un long rectangle avec un rouleau à pâtisserie et pliez-la en trois. Tournez la pâte d'un quart de tour dans le sens contraire des aiguilles d'une montre et étalez-la de nouveau. Recommencez en tournant la pâte d'un quart de tour, étalez-la avant de la replier à nouveau en trois. Vous avez réalisé 2 tours. Laissez reposer au réfrigérateur 30 minutes.

5 Sortez la pâte du réfrigérateur et renouvelez l'opération en réalisant 2 nouveaux tours. Réservez à nouveau 30 minutes au réfrigérateur.

6 Préchauffez le four à 200 °C (th. 6-7). Sur un plan de travail fariné, étalez la pâte avec un rouleau à pâtisserie et pliez-la en accordéon. Badigeonnez-la de jaune d'œuf avec un pinceau.

7 Disposez la pâte dans un moule à cake chemisé d'un papier sulfurisé beurré et faites cuire au four 20 à 25 minutes.

8 Sortez la brioche du four, laissez-la refroidir avant de la démouler, puis saupoudrez-la de sucre glace.

GALETTE PUR BEURRE

Pour **1 galette** • Préparation **20 min** • Cuisson **30 min**

600 g de pâte feuilletée maison (voir p.120)

ou 2 pâtes feuilletées prêtes à l'emploi

1 jaune d'œuf

1 fève

Pour la frangipane :

150 g de beurre mou

150 g de sucre roux

150 g de poudre d'amande

2 œufs

1 Préparez la frangipane. Dans un récipient, mélangez le sucre et la poudre d'amande. Ajoutez le beurre mou coupé en morceaux. Malaxez le tout avec les mains, puis ajoutez les œufs. Mélangez bien pour que la frangipane soit homogène.

2 Préchauffez votre four à 200 °C (th. 6-7).

3 Sur un plan de travail fariné, divisez la pâte feuilletée maison en deux et étalez chaque pâton au rouleau à pâtisserie. Disposez l'une des pâtes sur une feuille de papier sulfurisé. Tartinez-la avec la frangipane à l'aide d'une spatule souple en laissant libre une marge de 1 cm sur tout le pourtour. Placez la fève.

4 Badigeonnez le bord de la pâte avec de l'eau à l'aide d'un pinceau, puis recouvrez avec la seconde pâte. Soudez les bords en appuyant avec vos doigts. Chiquetez le pourtour de la galette en découpant les bords en forme de vagues à l'aide d'un couteau.

5 Dans un bol, mélangez le jaune d'œuf et 1 cuillerée à café d'eau. Dorez la galette avec ce mélange à l'aide d'un pinceau. Dessinez des stries ou toute autre décoration sur la galette avec le dos d'un couteau.

6 Enfournez et faites cuire 30 minutes environ en surveillant la fin de la cuisson.

CRÈMES

CRÈME AU BEURRE CLASSIQUE

Préparation **10 min** • Cuisson **8 min**

4 œufs entiers

300 g de sucre

500 g de beurre pommade en morceaux

1 Mettez les œufs et le sucre dans une casserole, placez celle-ci au bain-marie et battez le tout à l'aide d'un fouet. Laissez chauffer environ 8 minutes jusqu'à ce que le mélange devienne crémeux. Placez alors la casserole dans un récipient rempli d'eau froide et laissez refroidir 5 minutes.

2 Incorporez le beurre en plusieurs fois à l'aide d'un fouet. Lorsque la crème est homogène, utilisez-la dans vos préparations ou versez-la dans une poche à douille pour décorer vos pâtisseries . La crème durcit au frais.

Pour parfumer votre crème au beurre, vous pouvez ajouter 1 cuillerée à soupe d'alcool (rhum, cherry, Get 27, calvados…) à l'étape 1.

CRÈME AU BEURRE AUX HERBES AROMATIQUES

Vous pouvez ajouter des herbes aromatiques à la fin de la recette de la crème au beurre classique (voir p.144) en procédant ainsi :

Thym citron : hachez les feuilles de 1 poignée de thym citron et ajoutez-les à la crème.

Romarin, lavande, basilic ou menthe : lavez et séchez 1 poignée d'herbes, conservez les feuilles et supprimez les tiges. Hachez finement et ajoutez-les à la crème.

Crème au beurre au chocolat

Préparation **10 min**

200 g de beurre à température ambiante

80 g de cacao en poudre

400 g de sucre glace

4 c. à s. de crème liquide

1 c. à c. d'extrait de vanille liquide

Dans un bol, fouettez le beurre à l'aide d'un batteur pour lui donner une consistance crémeuse. Ajoutez le cacao en le tamisant au fur et à mesure. Ajoutez ensuite le sucre glace en 2 ou 3 fois, puis la crème liquide de la même manière, sans cesser de fouetter. Enfin, versez l'extrait de vanille liquide, il renforcera le parfum du chocolat.

Cette crème est idéale comme glaçage ou insérée entre 2 couches de génoise, dans un gâteau d'anniversaire par exemple. Vous pouvez aussi l'utiliser pour coller 2 meringues entre elles.

Crème au beurre au café

Préparation **10 min** • Cuisson **10 min**

150 g de sucre

200 g de beurre à température ambiante

5 jaunes d'œufs

2 c. à c. d'extrait de café liquide

1 Dans une casserole, faites fondre le sucre avec 3 centilitres d'eau sur feu doux, puis faites bouillir le sirop au petit boulé. Vérifiez la température avec une sonde, celle-ci doit atteindre 110 à 115 °C.

2 Coupez le beurre en petits morceaux. Dans un saladier, battez les jaunes, puis versez le sirop brûlant par-dessus sans cesser de fouetter. Battez jusqu'à ce que le mélange blanchisse et refroidisse : il doit former un ruban. Ajoutez alors le beurre au fur et à mesure tout en fouettant. Une fois la préparation homogène, ajoutez l'extrait de café liquide.

Utilisez cette crème lorsqu'elle est encore tendre afin de décorer bûches, gâteaux, choux, etc. Placez ensuite le ou les gâteaux au frais pour qu'elle durcisse.

CRÈME AU BEURRE
AU CAFÉ
CRÈME AU BEURRE
AU CHOCOLAT

LEMON CURD

Préparation **10 min** • Cuisson **5 min** • Réfrigération **12 h**

3 citrons
4 œufs
200 g de sucre
100 g de beurre coupé en dés

1 Coupez le beurre en morceaux et réserver. Dans un bol, battez les œufs.

2 Pressez les citrons dans une casserole, puis ajoutez le sucre et les œufs battus. Fouettez le mélange et faites-le chauffer sur feu doux. Continuez de battre tout en tournant la casserole afin que le fouet atteigne tous les bords de la casserole pendant 5 minutes environ, jusqu'à ce que le mélange devienne crémeux.

3 Hors du feu, ajoutez le beurre au fur et à mesure sans cesser de fouetter. Versez la crème dans un bol et placez-la au réfrigérateur pour qu'elle épaississe.

CRÈME AU BEURRE SALÉ ET AU CARAMEL

Préparation **20 min** • Cuisson **10 min**

Pour le caramel :

130 g de sucre

6 cl de crème liquide

350 g de beurre salé à température ambiante

4 blancs d'œufs

70 g de sucre

1 Préparez le caramel : mettez le sucre dans une casserole et ajoutez 6 centilitres d'eau. Portez à ébullition, réduisez le feu et laissez cuire jusqu'à obtenir un caramel. Hors du feu, versez doucement la crème, le mélange va mousser. Mélangez et réservez à température ambiante.

2 Coupez le beurre en morceaux. Mettez-les dans le bol d'un mixeur et mixez à vitesse moyenne jusqu'à obtenir une texture mousseuse. Réservez.

3 Placez les blancs d'œufs et le sucre dans un bol au bain-marie et fouettez jusqu'à ce que la température atteigne 70-72°C. Retirez le bol du bain-marie et battez 10 à 12 minutes au batteur électrique jusqu'à ce que les blancs soient très fermes.

4 Ajoutez le beurre en 3 fois tout en fouettant à vitesse réduite. Enfin, incorporez le caramel.

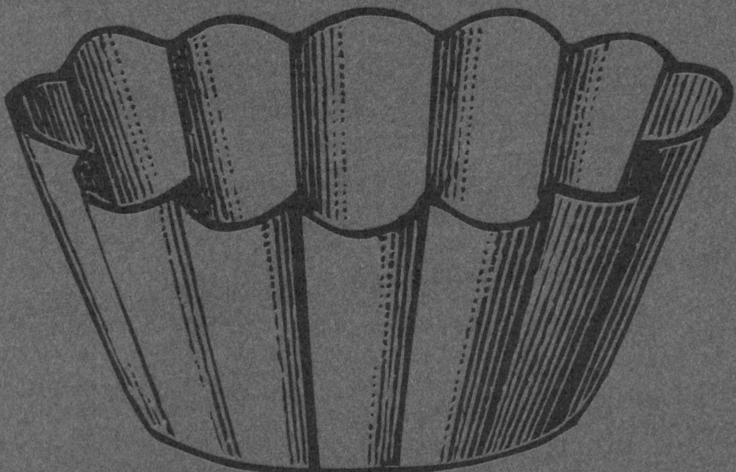

PÂTISSERIES

SABLÉS AU BEURRE DE THYM ET D'AGRUMES

Pour **8 personnes** • Préparation **20 min** • Repos **15 min** • Cuisson **15 min**

125 g de beurre de thym et d'agrumes mou (voir p.26)

200 g de farine

130 g de sucre brun

1 pincée de sel

1 Dans un récipient, mélangez la farine, le sucre et le sel. Ajoutez le beurre parfumé ramolli coupé en petits morceaux et travaillez la pâte du bout des doigts.

2 Façonnez une boule, enveloppez-la dans du film alimentaire et réservez 15 minutes au réfrigérateur.

3 Préchauffez le four à 200 °C (th. 6-7). Sur un plan de travail fariné, étalez la pâte en une couche de 5 mm d'épaisseur avec un rouleau à pâtisserie et découpez les sablés à l'aide d'un emporte-pièce.

4 Recouvrez une plaque à four de papier sulfurisé et disposez-y les sablés.

5 Placez au four et faites cuire 10 à 15 minutes en surveillant la fin de la cuisson. Laissez refroidir.

BISCUITS

FR
744979
412

Shortbreads

Pour **6 personnes** • Préparation **15 min** • Repos **1 h** • Cuisson **20 min**

200 g de beurre salé pommade
1 citron non traité
250 g de farine
100 g de sucre semoule

1 Lavez le citron et zestez-le.

2 Dans un récipient, travaillez le beurre pommade avec la farine, le sucre et les zestes de citron jusqu'à obtention d'une pâte qui ne colle pas. Rajoutez un peu de farine si nécessaire. Filmez et laissez la pâte reposer 1 heure au réfrigérateur.

3 Préchauffez le four à 160 °C (th. 5-6).

4 Sur un plan de travail fariné, étalez la pâte au rouleau à pâtisserie en une couche de 1 cm d'épaisseur. Découpez des rectangles dans la pâte avec un couteau pour former les *shortbreads*. Décorez-les en réalisant de petits trous sur le dessus avec la pointe d'un bâtonnet en bois.

5 Recouvrez une plaque de papier sulfurisé. Disposez-y les *shortbreads*. Placez au four et faites cuire 20 minutes environ. Sortez du four et laissez refroidir.

BRIOCHE AUX RAISINS ET AU RHUM

Pour **6 personnes** • Préparation **20 min** • Repos **1 h 30** • Cuisson **35 min**

150 g de beurre

10 cl de lait

1,5 sachet de levure sèche de boulanger
ou **15** g de levure fraîche de boulanger

350 g de farine

3 c. à s. de sucre en poudre

2 c. à c. de sel

1 œuf + **1** jaune d'œuf

100 g de raisins trempés dans du rhum

1 Sortez tous les ingrédients du réfrigérateur 1 heure avant de commencer pour qu'ils soient à température ambiante.

2 Dans une casserole, faites chauffer le lait et le beurre jusqu'à ce que le beurre ait fondu. Délayez la levure dans 6 cl d'eau tiède.

3 Dans un récipient, mélangez la farine, le sucre et le sel. Creusez un puits au centre et ajoutez-y le mélange beurre-lait, la levure puis l'œuf entier battu ainsi que les raisins égouttés. Lissez la pâte à la spatule. Formez une boule. Si la pâte colle, ajoutez un peu de farine. Recouvrez la pâte d'un linge propre et laissez lever 1 heure près d'une source de chaleur.

4 Sur un plan de travail fariné, aplatissez la pâte à la main pour la dégazer et reformez une boule. Vous pouvez également tresser votre brioche. Laissez-la à nouveau gonfler 30 minutes sur une plaque recouverte de papier sulfurisé.

5 Préchauffez le four à 210 °C (th. 7). Dorez la brioche avec le jaune d'œuf battu à l'aide d'un pinceau et disposez 2 ou 3 noix de beurre sur le dessus. Saupoudrez ensuite de 2 cuillerées à soupe de sucre.

6 Placez au four et faites cuire 20 à 25 minutes. Sortez du four et laissez la brioche refroidir sur une grille.

FONDANTS AU CHOCOLAT ET À LA FÈVE TONKA

Pour **4 personnes** • Préparation **10 min** • Cuisson **15 min**

180 g de beurre
200 g de chocolat noir à pâtisser
1 c. à s. de farine
4 c. à s. de sucre
4 œufs
½ fève tonka

1 Préchauffez le four à 200 °C (th. 6-7).

2 Dans un récipient, concassez le chocolat en petits morceaux et ajoutez le beurre coupé en lamelles. Faites fondre 2 minutes au four à micro-ondes ou 5 minutes au bain-marie.

3 Ajoutez ensuite la farine et le sucre, puis incorporez les œufs un à un en fouettant.

4 Râpez la fève tonka, ajoutez-la à la pâte et mélangez.

5 Répartissez la pâte dans 4 verres résistants à la chaleur ou 4 petits moules en silicone. Placez au four et faites cuire 10 à 15 minutes.

6 Dégustez à la sortie du four.

Vous pouvez parfumer ces délicieux fondants avec des zestes d'orange ou 1 pincée de piment d'Espelette.

BROWNIE AU CITRON

Pour **6 personnes** • Préparation **15 min** • Cuisson **30 min**

200 g de beurre
4 œufs
200 g de sucre
2 citrons
180 g de farine
1 pincée de sel

Pour le glaçage :
½ citron
120 g de sucre glace

1 Préchauffez le four à 180 °C (th. 6). Placez le beurre dans un bol et faites-le fondre au micro-ondes.

2 Dans un récipient, battez les œufs avec le sucre 5 minutes jusqu'à ce que le mélange blanchisse. Ajoutez le beurre, les zestes des 2 citrons et le jus de 1 citron. Mélangez. Ajoutez la farine tamisée et le sel. Battez à nouveau la pâte.

3 Recouvrez un moule à gâteau rectangulaire de papier sulfurisé. Versez-y la pâte et placez au four. Faites cuire 30 minutes.

4 Sortez le gâteau du four, laissez-le refroidir et démoulez-le.

5 Pendant ce temps, préparez le glaçage : dans un bol, mélangez le jus d'un demi-citron avec le sucre glace. Répartissez le glaçage sur le gâteau à l'aide d'un pinceau.

6 Servez froid ou tiède !

TARTE TROPÉZIENNE

Pour **6 personnes** • Préparation **45 min** • Repos **3 h** • Cuisson **35 min**

50 g de beurre mou
+ **20** g pour la plaque

12 g de levure de boulanger sèche

10 cl de lait

250 g de farine
+ **20** g pour la plaque

1 œuf

15 g de sucre semoule

2 pincées de sel

Pour la crème au beurre :

300 g de beurre pommade

2 jaunes d'œufs

80 g de sucre glace

1 c. à s. d'eau de fleur d'oranger

Pour le décor :

1 jaune d'œuf

80 g d'amandes effilées

Sucre glace

1 Préparez la pâte briochée. Délayez la levure de boulanger dans le lait tiède. Dans un récipient, versez 100 g de farine et ajoutez-y la levure. Mélangez, puis incorporez progressivement 100 g de farine jusqu'à obtention d'une pâte souple. Saupoudrez de farine, recouvrez d'un linge propre, puis laissez lever 30 minutes dans un endroit tiède à 20 °C.

2 Dégazez la pâte avant d'y incorporer l'œuf, le sucre semoule, le sel et les 50 g de farine restants, puis le beurre mou. Battez vigoureusement 10 minutes jusqu'à ce que la pâte se détache des parois. Si besoin, ajoutez un peu de farine (20 g). Laissez lever 30 minutes, puis aplatissez la pâte avec la main pour la dégazer. Laissez-la reposer de nouveau 30 minutes.

3 Préchauffez le four à 180 °C (th. 6). Beurrez et farinez une plaque de cuisson. Sur un plan de travail fariné, pétrissez la pâte et étalez-la avec un rouleau à pâtisserie en une couche de 2 cm d'épaisseur. Déposez-la sur la plaque et laissez lever 30 minutes.

4 Dans un bol, battez le jaune d'œuf avec 1 cuillerée à café d'eau et dorez la brioche de ce mélange à l'aide d'un pinceau. Placez au four et faites cuire 30 à 35 minutes.

5 Pendant ce temps, préparez la crème au beurre. Dans un petit récipient, battez les jaunes d'œufs avec 30 g de sucre glace jusqu'à ce que le mélange blanchisse.

6 Dans un autre récipient, fouettez au batteur électrique le beurre pommade avec le reste du sucre glace 5 minutes jusqu'à ce que le mélange double de volume. Mélangez ensuite les deux préparations et ajoutez la fleur d'oranger. Battez à nouveau au fouet 1 minute.

7 Sortez la brioche du four et coupez-la en deux dans l'épaisseur. Disposez la partie inférieure sur un plat et recouvrez-la de crème à l'aide d'une poche à douille cannelée. Posez la partie supérieure de la pâte par-dessus. Saupoudrez de sucre glace et d'amandes effilées. Placez au réfrigérateur au moins 1 heure pour que le crème durcisse un peu.

TARTE AU SUCRE

Pour **6 personnes** • Préparation **20 min** • Repos **1 h 30** • Cuisson **50 min**

100 g de beurre

10 cl de lait

1 sachet de levure de boulanger sèche

350 g de farine

3 c. à s. de sucre semoule

1 c. à c. de sel

1 œuf

Pour la dorure :

5 cl de lait

50 g de beurre

50 g de sucre cassonade

1 Sortez tous les ingrédients du réfrigérateur 1 heure avant de commencer pour qu'ils soient à température ambiante. Délayez la levure dans 6 cl d'eau tiède.

2 Dans une casserole, faites fondre le beurre dans le lait.

3 Dans un récipient, mélangez la farine, le sucre semoule et le sel. Creusez un puits au centre et versez-y le mélange de beurre et de lait, la levure et l'œuf battu. Mélangez.

4 Lissez la pâte à la spatule ou à la main pour former une boule homogène. Si la pâte est trop collante, ajoutez de la farine. Recouvrez-la d'un linge et laissez reposer 1 h 30 près d'une source de chaleur. La pâte doit doubler de volume.

5 Préchauffez le four à 180 °C (th. 6). Déposez la pâte dans un moule à tarte beurré et aplatissez-la à la main. Badigeonnez de lait avec un pinceau. Parsemez de morceaux de beurre et saupoudrez de sucre cassonade. Placez au four et faites cuire 25 minutes.

Au sortir du four, vous pouvez décorer la tarte avec des morceaux de fruits confits.

GÂTEAU BRETON

Pour **6 à 8 personnes** • Préparation **30 min** • Cuisson **45 min**

250 g de beurre demi-sel pommade

350 g de farine

1 c. à s. de levure chimique

250 g de sucre

6 jaunes d'œufs + 1 œuf

1 c. à s. de Cointreau®

1 pincée de sel

1 Préchauffez le four à 180 °C (th. 6). Dans un récipient, mélangez la farine, la levure et le sucre. Formez un puits au centre. Battez les 6 jaunes d'œufs et ajoutez-les dans le récipient avec le beurre pommade et le Cointreau®.

2 Travaillez la pâte avec une spatule ou, si vous préférez, au robot muni d'une feuille.

3 Beurrez un moule à tarte ou un moule à manquer de 25 cm de diamètre environ. Versez la pâte dans le moule en le tapissant complètement.

4 Dorez le gâteau avec l'œuf battu à l'aide d'un pinceau. Saupoudrez de 1 pincée de sel et dessinez des décorations sur le gâteau avec le dos d'un couteau.

5 Placez au four et faites cuire 45 minutes environ jusqu'à ce que le gâteau soit bien doré.

6 Sortez le gâteau du four et laissez-le refroidir avant de le découper.

Madeleines pur beurre au miel

Pour **4 personnes** • Préparation **15 min** • Repos **1 h** • Cuisson **10 min**

150 g de beurre doux
1 citron
3 œufs
100 g de sucre
2 c. à s. de miel
200 g de farine
½ sachet de levure chimique

1 Lavez et zestez le citron.

2 Cassez les œufs dans un récipient et fouettez-les énergiquement avec le sucre jusqu'à ce que le mélange blanchisse.

3 Dans un bol, faites fondre le beurre et le miel au four à micro-ondes. Ajoutez-les au mélange œufs-sucre, puis incorporez la farine, la levure et les zestes de citron. Laissez reposer la pâte 1 heure au réfrigérateur.

4 Préchauffez le four à 220 °C (th. 7-8). Répartissez la pâte dans des moules à madeleine en silicone.

5 Placez au four et faites cuire 5 minutes, puis baissez la température à 180 °C (th. 6) et poursuivez la cuisson 5 minutes.

6 Démoulez les madeleines et laissez-les refroidir sur une grille.

Vous pouvez préparer la pâte la veille. Elle se conserve très bien au réfrigérateur pendant 12 heures.

QUATRE-QUARTS AU BEURRE DE ROMARIN

Pour **6 personnes** • Préparation **15 min** • Cuisson **40 min**

200 g de beurre de romarin mou (voir p.24)

20 g de beurre pour le moule

200 g de sucre semoule

4 œufs

200 g de farine
+ **10** g pour le moule

1 sachet de levure chimique

1 Préchauffez le four à 180 °C (th. 6). Dans un grand récipient, travaillez le beurre mou à la spatule.

2 Ajoutez le sucre et fouettez jusqu'à obtenir un mélange blanc et mousseux.

3 Ajoutez les œufs et mélangez bien.

4 Tamisez la farine et la levure, puis versez-les dans le récipient.

5 Beurrez et farinez un moule à manqué. Versez-y la pâte, placez au four et faites cuire 40 minutes.

6 Vérifiez la cuisson en piquant le gâteau avec la pointe d'un couteau : elle doit ressortir sèche. Laissez le quatre-quarts tiédir avant de le démouler.

GÂTEAU BASQUE

Pour **6 personnes** • Préparation **30 min** • Repos **2 h** • Cuisson **45 min**

120 g de beurre doux pommade

200 g de sucre

1 citron non traité

2 œufs
+ **1** jaune d'œuf pour la dorure

300 g de farine

1 c. à c. de sel

200 g de confiture de cerise

1 Dans un récipient, battez le beurre pommade avec le sucre jusqu'à ce que le mélange blanchisse. Lavez et zestez le citron. Ajoutez les 2 œufs ainsi que les zestes dans le mélange beurre-sucre.

2 Incorporez ensuite la farine et le sel. Mélangez et formez une boule. Couvrez de film alimentaire et laissez reposer la pâte 2 heures au réfrigérateur.

3 Préchauffez le four à 160 °C (th. 5-6). Beurrez un moule à tarte de 25 cm de diamètre environ. Sortez la pâte du réfrigérateur, divisez-la en deux et abaissez chaque moitié de pâte au rouleau. Tapissez le moule à tarte avec une moitié en appuyant avec les mains pour la répartir au fond. Badigeonnez de confiture en laissant libre 1 cm de marge sur le pourtour.

4 Humectez le bord de la pâte et déposez par-dessus la seconde abaisse de pâte. Soudez les bords ensemble afin d'enfermer la confiture.

5 Mélangez le jaune d'œuf avec 1 cuillerée à café d'eau et dorez le gâteau au pinceau. Vous pouvez le décorer en dessinant des stries avec le dos d'un couteau.

6 Placez au four et faites cuire 45 minutes.

7 Sortez le gâteau lorsqu'il est bien doré. Laissez-le tiédir avant de le déguster ou mangez-le froid.

BROYÉ DU POITOU

Pour **6 personnes** • Préparation **20 min** • Cuisson **20 min**

250 g de beurre pommade
2 œufs
+ **1** jaune d'œuf
250 g de sucre
1 pincée de sel
500 g de farine

1 Dans un récipient, battez les 2 œufs et ajoutez le sucre, le sel et le beurre pommade. Mélangez jusqu'à obtenir une préparation homogène.

2 Ajoutez la farine et mélangez à la main sans trop travailler la pâte. Formez une boule et laissez-la reposer 1 heure au réfrigérateur en la couvrant d'un film alimentaire.

3 Préchauffez le four à 180 °C (th. 6). Sur un morceau de papier sulfurisé, étalez la pâte au rouleau en une couche de 1,5 à 2 cm d'épaisseur. Disposez-la dans un moule à tarte de 25-30 cm de diamètre.

4 Dorez avec le jaune d'œuf et dessinez des stries sur le broyé avec une fourchette ou le dos d'un couteau.

5 Placez au four et faites cuire 15 à 20 minutes.

6 Sortez le gâteau du four et laissez-le refroidir.

Traditionnellement, on brisait le broyé du Poitou d'un coup de poing pour le partager.

Chouquettes

Pour **24 chouquettes** • Préparation **15 min** • Cuisson **30 min**

100 g de beurre
1 pincée de sel
1 c. à c. de sucre semoule
150 g de farine
3 œufs
100 g de perles de sucre

1 Préparez la pâte à choux. Dans une casserole, portez à ébullition 25 cl d'eau avec le beurre, le sel et le sucre.

2 Dans un récipient, tamisez la farine puis versez-la d'un coup dans la casserole, hors du feu. Mélangez avec une cuillère en bois. Replacez la casserole sur feu doux et faites dessécher la pâte 2 minutes sans cesser de remuer avec la cuillère en bois.

3 Incorporez les œufs un à un en remuant jusqu'à ce que la pâte forme une boule lisse et souple.

4 Préchauffez le four à 200 °C (th. 6-7).

5 Sur une plaque à four recouverte de papier sulfurisé, formez 24 choux avec une poche à douille lisse. Saupoudrez de perles de sucre.

6 Placez au four et faites cuire 20 à 25 minutes en surveillant la cuisson et sans ouvrir le four.

7 Laissez refroidir les chouquettes sur une grille.

Paris-Brest

Pour **6 personnes** • Préparation **30 min** • Cuisson **45 min**

Pour la pâte à choux :
60 g de beurre
1 pincée de sel
1 c. à c. de sucre semoule
125 g de farine
4 œufs + **1** jaune d'œuf
50 g d'amandes effilées

Pour la crème pâtissière :
25 cl de lait
½ gousse de vanille
1 jaune d'œuf
50 g de sucre semoule
25 g de farine
1 c. à s. de Maïzena®

Pour la crème mousseline :
80 g de beurre mou
50 g de pâte pralinée

20 g de sucre glace

1 Préchauffez le four à 220 °C (th. 7-8).

2 Préparez la pâte à choux. Dans une casserole, portez à ébullition 25 cl d'eau avec le beurre, le sel et le sucre. Dans un récipient, tamisez la farine et versez-la d'un coup dans la casserole, hors du feu. Mélangez avec une cuillère en bois. Replacez la casserole sur feu doux et faites dessécher la pâte 2 minutes sans cesser de remuer avec la cuillère en bois.

3 Incorporez les œufs un à un en mélangeant jusqu'à ce que la pâte forme une boule lisse et souple.

4 Placez la pâte dans une poche à douille lisse, huilez une plaque à pâtisserie et formez un cercle de 20 à 25 cm de diamètre environ avec la pâte. Badigeonnez de jaune d'œuf avec un pinceau et parsemez d'amandes effilées. Placez au four et faites cuire 20 minutes en surveillant la fin de la cuisson. Laissez refroidir.

5 Pendant ce temps, préparez la crème pâtissière. Les quantités indiquées permettent d'obtenir 25 cl de crème, mais il est plus facile de travailler en doublant les proportions et en n'utilisant que la moitié de la préparation. Dans une casserole, mettez le lait et la gousse de vanille fendue en deux. Portez à ébullition et faites infuser 20 minutes avant de retirer la vanille.

6 Dans un récipient, fouettez le jaune d'œuf avec le sucre semoule jusqu'à ce que le mélange blanchisse. Incorporez-y la farine, la Maïzena® et le lait chaud. Versez la préparation dans une casserole et faites bouillir 1 minute sans cesser de remuer. Débarrassez dans un récipient.

(suite) >

Paris-Brest

SUITE...

7 Réalisez la crème mousseline en incorporant le beurre mou dans la crème pâtissière. Ajoutez la pâte pralinée et battez délicatement. Laissez légèrement refroidir.

8 Coupez en deux la couronne de pâte à choux et garnissez de crème mousseline à l'aide d'une poche à douille cannelée. Déposez par-dessus le chapeau et saupoudrez de sucre glace. Réservez au réfrigérateur jusqu'au moment de servir.

Remplacez la crème mousseline par une crème au beurre parfumée (voir p.146).

NAKED CAKE AU CHOCOLAT, CRÈME AU BEURRE ET AU CARAMEL

Pour **8 personnes** • Préparation **1 h 15** • Cuisson **30 min** • Réfrigération **1 h**

Pour les génoises :

8 œufs

2 jaunes d'œufs

240 g de sucre

100 g de farine

100 g de fécule de pomme de terre

10 g de cacao en poudre

Pour le sirop :

200 g de sucre

3 cl de kirsch

Pour la crème au beurre :

130 g de sucre

6 cl de crème liquide

350 g de beurre salé
à température ambiante

4 blancs d'œufs

Pour le décor :

50 g de noisettes en poudre

Noisettes entières décortiquées

1 Préparez les génoises : préchauffez le four à 170 °C (th. 5-6). Dans une casserole, battez les œufs, les jaunes d'œufs et le sucre au fouet électrique. Placez la casserole au bain-marie et continuez de fouetter jusqu'à ce que le mélange blanchisse et épaississe.

2 Hors du feu, continuez de battre la préparation jusqu'à ce qu'elle refroidisse complètement. Elle doit couler du fouet sans rompre, en formant un ruban. Ajoutez la farine, la fécule de pomme de terre et le cacao en poudre en les tamisant ensemble. Incorporez-les à la pâte à l'aide d'une spatule.

3 Beurrez 2 cercles de 20 cm de diamètre. Posez-les sur une plaque à four recouverte de papier sulfurisé et répartissez la pâte dedans. Enfournez pour 30 minutes.

4 Au sortir du four, laissez refroidir, puis coupez les génoises en deux dans le sens de l'épaisseur.

5 Préparez le sirop : dans une casserole, versez 15 centilitres d'eau, ajoutez le sucre et portez à ébullition. Arrêtez le feu aussitôt, laissez refroidir et versez le kirsch. Réservez.

6 Préparez la crème au beurre : dans une casserole, portez à ébullition 6 centilitres d'eau avec le sucre. Réduisez le feu et laissez cuire jusqu'à obtenir un caramel. Hors du feu, versez la crème doucement, le mélange va alors mousser. Mélangez et réservez.

(suite) >

NAKED CAKE AU CHOCOLAT, CRÈME AU BEURRE ET AU CARAMEL

SUITE...

7 Coupez le beurre en petits dés et mixez-le à vitesse moyenne jusqu'à obtenir une texture mousseuse. Mettez les blancs d'œufs dans un bol au bain-marie et fouettez doucement jusqu'à ce que la température atteigne 70 à 72°C. Hors du feu, continuez de battre 10 à 12 minutes jusqu'à ce que les blancs soient très fermes. Ajoutez alors le beurre mou en 3 fois en fouettant à vitesse réduite. Enfin, ajoutez le caramel.

8 Sur un plat de service, disposez une demi-génoise, imbibez-la de sirop, tartinez-la de crème au beurre et recouvrez avec une autre demi-génoise que vous imbibez de sirop, etc. Répétez l'opération avec les autres demi-génoises. Une fois la dernière demi-génoise posée, recouvrez tout le gâteau de crème au beurre et parsemez les noisettes en poudre. Placez au réfrigérateur 1 heure minimum pour que la crème durcisse. Décorez avec les noisettes entières juste avant de servir.

Index

Remerciements

Je remercie l'équipe éditoriale et en particulier **Christophe** pour sa confiance et **Lucie** pour son suivi attentif et attentionné.

Merci à **Lucas** pour son aide lors des prises de vues des jersiaises à l'élevage de la **famille Duyck,** la Clémendière en Normandie.
Merci à notre voisin **Éric Hoornaert** pour son accueil dans sa ferme laitière de vaches normandes aux Joncherets. Merci à **son frère Michel** et à **son papa.**
Merci à **mes voisines, les vaches,** d'avoir si bien posé pour les photos.

Merci à **Cécile** et à **Cédric**, mes formidables mannequins main !
Merci à **Béatrice** pour le prêt de beaux accessoires !

Merci au beurre de nous régaler au quotidien et à tous ceux qui œuvrent pour en faire un produit artisanal d'exception !

Éditions du Gerfaut
16, rue du Petit-Change
28000 Chartres
www.editionsdugerfaut.com

Toutes les photographies sont de Franck Schmitt.

Toutes les illustrations sont d'Adobestock,
sauf pp. 8, 50, 58, 60, 78 (Shutterstock) et p. 56 (vecteezy)

Création graphique : mokmok.agency
Mise en pages : Marion Huet
Suivi éditorial : lunedit.com

Dépôt légal : octobre 2021
ISBN : 978-2-35191-255-3

Les éditions du Gerfaut bénéficient du soutien de la Région Centre-Val de Loire, de l'État (DRAC Centre-Val de Loire) et de Ciclic.

PRÉFET DE LA RÉGION CENTRE-VAL DE LOIRE | Direction régionale des affaires culturelles
ciclic CENTRE VAL DE LOIRE
Centre-Val de Loire www.centre-valdeloire.fr

Imprimé par Rotolito en Roumanie